(세계 최고의 바리스타가)

커피 초보자를 위해 만든
COFFEE
FIRST TEXTBOOK

espresso/latte/cappuccino/macchiato/mocha...
The class to make the best coffee at home

이 책을 선택해주신 여러분, 안녕하세요.

제15대 월드 바리스타 챔피언십 우승자인 이자키 히데노리입니다.

저는 2014년에 세계 최대의 바리스타 대회인 월드 바리스타 챔피언십에서 아시아인으로 최초로 우승한 이후, 연간 200일 이상을 해외에서 보내며 컨설팅과 커피 계발 활동을 꾸준히 이어나가고 있습니다.

신종 코로나 바이러스의 감염 확산으로 인해 많은 사람이 집에서 시간을 많이 보내게 되면서 커피를 향한 관심이 날로 높아지고 있습니다. 커피 협회의 '커피 수요 동향에 관한 기본 조사'에 따르면 신종 코로나 바이러스의 감염 확산 이후, 원두커피의 소비량이 큰 폭으로 증가하고 있습니다. 또 재택 근무의 영향도 있어 커피를 마시는 장소도 집이 중심이 되어 가고 있죠.

커피는 향기와 농후한 맛뿐만 아니라 커피를 '내리는 행위' 자체가 마음을 가다듬을 수 있는 효과가 있어 심신 안정까지 이어지므로 커피의 수요 증가가 나타나고 있다고 생각합니다.

반면 커피를 '까다롭다'라고 생각하는 분도 있을 겁니다.

'커피를 내리는 방법이 어려울 거 같다', '어떤 기구를 사야 하지?', '원두를 어떻게 선택해야 할지 모르겠다' 등의 고민을 안고 있는 분도 많습니다.

머리말

그래서 이 책에서는 '커피 내리기의 진입장벽을 낮추는 것에 그치지 않고 아예 진입장벽을 없애겠다'라는 콘셉트로 '커피와 함께 안심되고 풍요로운 생활'을 동경해 왔지만, 무엇부터 배워나가야 할지 모르는 분들을 위해 최대한 쉽게 커피의 기초를 설명해드리고자 합니다.

근사한 커피 브레이크를 통해 마음속에서부터 '안심'하실 수 있기를 바라는 마음을 담아 이 책을 썼습니다. 직접 커피를 내려도 좋고, 사랑하는 누군가를 위해 내려줘도 좋습니다. 커피를 통해 마음에 휴식을 가져다줄 수 있는 체험을 이 책을 통해 하실 수 있기를 바랍니다.

CONTENTS

머리말 ……2

이 책의 활용법 ……8

등장인물 소개 ……10

만화 재택 근무가 많아지면서 커피 인기 급상승! ……12

커피로 집에서 보내는 시간을 더욱 즐겁게 만들어보자 ……16

0교시 캐릭터로 배우는 커피 원두 도감

세계의 커피 산지를 알아보자 ……22

산지는 커피 벨트에 집중되어 있다! ……26

[대표적인 생산국 ①] 브라질 ……28

[대표적인 생산국 ②] 콜롬비아 ……30

[대표적인 생산국 ③] 에티오피아 ……32

[대표적인 생산국 ④] 엘살바도르 ……34

[대표적인 생산국 ⑤] 코스타리카 ……36

[대표적인 생산국 ⑥] 파나마 ……38

[대표적인 생산국 ⑦] 에콰도르 ……40

[대표적인 생산국 ⑧] 케냐 ……42

[대표적인 생산국 ⑨] 인도네시아 ……44

[대표적인 생산국 ⑩] 베트남 ……46

칼럼 바리스타 이자키가 들려주는 커피 이야기 ①
온도에 따라 미각이 바뀝니다 ……48

목차

1교시 지식이나 도구 없이 알아보는 커피의 구조

커피의 정체는 식물의 씨앗 ……52

식물의 씨앗이 커피가 되기까지 ……54

전용 도구가 없어도 차 거름망으로 OK ……58

드립백으로 번거로움과 실패가 사라진다 ……60

칼럼 바리스타 이자키가 들려주는 커피 이야기 ②
끊고 싶어도 끊을 수 없는 카페인과 잘 지내는 방법 ……62

2교시 집에서 즐기자! 커피를 내리는 기본 방법과 종류

커피를 내리는 다양한 방법을 알아보자 ……66

커피의 역사와 낭만적인 도구의 이야기 ……68

기본 페이퍼 드립 ……72

취향을 잘 타는 넬 드립 ……74

초보자를 위한 프렌치 프레스 ……76

농후하고 진한 에스프레소 ……78

본연의 맛을 해치지 않고 향을 낼 수 있는 우려내기 ……80

번거로움 제로! 커피메이커 ……82

칼럼 바리스타 이자키가 들려주는 커피 이야기 ③
편의점 커피가 맛있는 이유 ……84

CONTENTS

3교시 — 커피를 내리는 방법과 함께! 커피 도구를 알아보자

- 온수를 통과시키는 '투과식', 담그는 '침지식' ……88
- 투과식, 침지식을 더 깊게 파보자 ……90
- 페이퍼 드립을 마스터해보자 ……94
- 페이퍼 드립 도구의 이모저모 ……96
- 프렌치 프레스는 취향에 맞게 선택하자 ……98
- 커피 도구의 역할을 재검토해보자 ……100
- **만화** 분쇄기는 필요 없을지도!? ……102
- **칼럼** 바리스타 이자키가 들려주는 커피 이야기 ④
  커피는 캔? 페트병? ……106

4교시 — 운명의 맛과 만나는 커피 원두 선택 방법

- 쓴맛과 신맛 중에 더 선호하는 맛은? ……110
- 쓴맛을 좋아하는 사람의 원두 선택 방법 ……112
- 신맛을 좋아하는 사람의 원두 선택 방법 ……114
- 커피의 쓴맛, 신맛의 정체를 알아보자 ……116
- 커피 원두를 직접 선택해보자 ……118
- 커피 원두의 생산 처리도 맛의 비결 ……122
- 커피의 다양한 맛 표현을 배워보자 ……124
- 블렌드 원두의 맛을 상상해보자 ……126
- 좋아하는 커피의 특징을 알아두자 ……128
- 커피의 맛은 물로 인해 바뀐다 ……130

목차

커피 원두는 냉동 보관이 최고! ……132

운명의 원두 이외의 커피도 즐겨보자 ……134

칼럼 바리스타 이자키가 들려주는 커피 이야기 ⑤
인스턴트 커피도 스페셜티 품질로 ……136

5교시 어레인지 커피로 다양하게 커피를 즐기는 방법

만화 자유롭게 커피를 즐기며 세계 평화까지 ……140

세계의 어레인지 커피 레시피 ……142

새롭게 등장한 세계의 커피 어레인지 ……144

커피에 단맛을 추가하는 즐거움을 ……146

우유는 순수 우유 또는 저온 살균이 가장 좋다 ……148

식물성 우유로 커피를 ……150

커피와 어울리는 음식 ……152

커피와 함께 보내는 수면의 밤 ……154

부록

커피 생활을 더욱 즐겨보자 ……156

조금 더 알고 싶은 사람을 위한 커피 정보 ……162

이자키 히데노리를 알 수 있는 세 가지 Q&A ……164

맺음말 ……166

이 책의 활용법

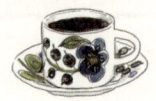

커피 관련 지식을 알지 못하더라도 처음부터 쉽게 배울 수 있도록 구성했습니다. 관심이 있는 주제부터 읽어도 좋고, 처음부터 순서대로 읽어도 좋습니다. 우선 마음에 드는 페이지부터 자유롭게 읽어 보시기 바랍니다.

기본 페이지

커피를 내리는 방법이나 지식에 관해 설명하는 페이지입니다.

특히 중요한 정보를 테두리 안에 적어 두었습니다.

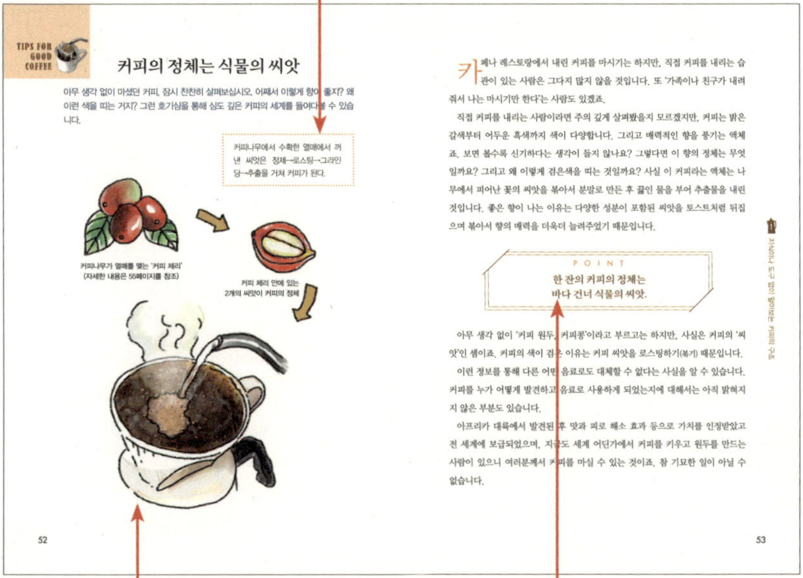

TIPS FOR GOOD COFFEE

커피의 정체는 식물의 씨앗

아무 생각 없이 마셨던 커피, 잠시 찬찬히 살펴보십시오. 어째서 이렇게 향이 좋지? 왜 이런 색을 띠는 거지? 그런 호기심을 통해 심도 깊은 커피의 세계를 들여다볼 수 있습니다.

커피나무에서 수확한 열매에서 꺼낸 씨앗은 정제→로스팅→그라인딩→추출을 거쳐 커피가 된다.

카페나 레스토랑에서 내린 커피를 마시기는 하지만, 직접 커피를 내리는 습관이 있는 사람은 그다지 많지 않을 것입니다. 또 '가족이나 친구가 내려줘서 나는 마시기만 한다'는 사람도 있겠죠.

직접 커피를 내리는 사람이라면 주의 깊게 살펴봤을지 모르겠지만, 커피는 밝은 갈색부터 어두운 흑색까지 색이 다양합니다. 그리고 매력적인 향을 풍기는 액체죠. 보면 볼수록 신기하다는 생각이 들지 않나요? 그렇다면 이 향의 정체는 무엇일까요? 그리고 왜 이렇게 검은색을 띠는 것일까요? 사실 이 커피라는 액체는 나무에서 피어난 꽃의 씨앗을 볶아서 분말로 만든 후 끓인 물을 부어 추출물을 내린 것입니다. 좋은 향이 나는 이유는 다양한 성분이 포함된 씨앗을 토스트처럼 뒤집으며 볶아서 향의 매력을 더욱더 늘려주었기 때문입니다.

POINT

한 잔의 커피의 정체는
바다 건너 식물의 씨앗.

아무 생각 없이 '커피 원두, 커피콩'이라고 부르고는 하지만, 사실은 커피의 '씨앗'인 셈이죠. 커피의 색이 검은 이유는 커피 씨앗을 로스팅하기(볶기) 때문입니다.

이런 정보를 통해 다른 어떤 음료로도 대체할 수 없다는 사실을 알 수 있습니다. 커피를 누가 어떻게 발견하고 음료로 사용하게 되었는지에 대해서는 아직 밝혀지지 않은 부분도 있습니다.

아프리카 대륙에서 발견된 후 맛과 피로 해소 효과 등으로 가치를 인정받았고 전 세계에 보급되었으며, 지금도 세계 어딘가에서 커피를 키우고 원두를 만드는 사람이 있으니 여러분께서 커피를 마실 수 있는 것이죠. 참 기묘한 일이 아닐 수 없습니다.

지식이나 도구 없이 알아보는 커피의 구조

52

53

이해를 돕기 위한 해설 그림입니다.

각 페이지의 요약 포인트를 나타냅니다.

커피 원두 도감

저자가 주목하고 있는 10가지 커피 생산국을 선정. 귀여운 캐릭터와 함께 즐겁게 맛의 특징을 소개!

10군데의 생산국과 해당 국가의 원두 이미지를 떠올려서 만든 캐릭터입니다.

해당 국가 원두의 특징입니다.

TIPS FOR GOOD COFFEE

[대표적인 생산국 ①]

브라질

커피 생산량이 세계 1위에 달하며 세계 총생산량의 약 30%을 생산하고 있습니다. 신맛이 적고 향이 좋아서 많은 사람에게 사랑받고 있죠. 그 맛의 비결을 알아봅시다.

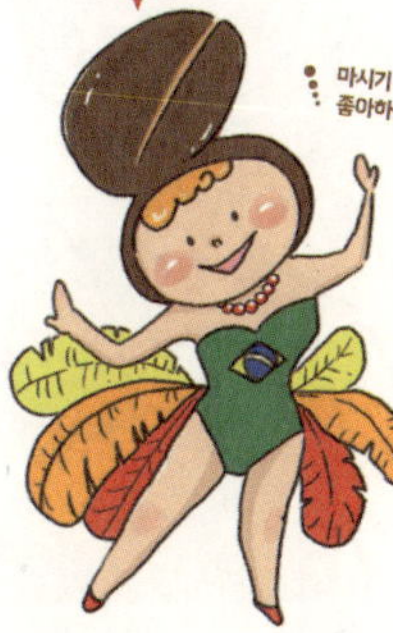

마시기 편해 누구나 좋아하는 만능선수

[대표적인 품종] 문도노보, 옐로부르봉 [맛의 특징] 부드러운 맛

28

브라질은 일본에서 봤을 때 지구 정 반대편에 있는 나라입니다. 꽤 멀리 떨어져 있는 것처럼 느껴지지만, 1900년대 초부터 아시아인들이 이민자로 건너가서 커피 농장에서 일하는 등 아시아와 깊은 유대감을 가지고 있는 나라입니다. 특히 일본인들의 이민이 많아서 '긴브라'라는 말까지 있을 정도였습니다.

'긴브라'는 '긴자를 어슬렁거린다'라는 의미로 말을 줄여서 사용하는 경우도 많지만, 원래는 '긴자에서 브라질 커피를 마신다'라는 의미였다고 합니다. 그 정도로 커피 생산국으로 존재감이 컸던 것이죠.

그도 그럴 것이 150년 이상에 걸쳐 세계 최대의 커피 생산지를 유지하고 있고 세계 커피 총생산량의 약 30%을 생산하고 있기 때문입니다. 국토 면적 세계 5위의 드넓은 토지를 가지고 있다 보니 다양하고 풍부한 기후 덕에 산지 또한 그만큼 다양합니다. 생산성을 우선으로 하는 생산자부터 '소량이라도 품질이 좋은 커피'를 추구하는 소규모 생산자까지 두루두루 갖추고 있습니다.

POINT
신맛이 적어 마시기 편해서
누구나 좋아하는 부드러운 계열

품질 향상에 힘쓰는 브라질의 생산자들은 '컵 오브 엑셀런스(Cup of Excellence)'라는 품평회에 커피를 출품해 왔으며, 현재는 여러 국가에서 개최되고 있습니다.

이러한 배경 덕분에 '브라질 커피'는 맛과 향, 품질도 다양합니다. 매력을 한마디로 표현하기 힘들지만, '부드럽고 균형 잡힌 맛'이 특징적인 커피입니다. 신맛은 적고 수확량은 안정적이며 가격도 적당하여 그야말로 만능선수라 할 수 있습니다. 블렌드 커피의 기본 맛으로 자주 사용됩니다. 같은 남미이지만 신맛이 두드러지는 콜롬비아 원두나 꽃 향기가 나는 아프리카의 에티오피아 원두와 비교해서 마셔 보시면 어떨까요?

29

해당 국가 원두의 정보입니다.

각 페이지의 요약 포인트를 나타냅니다.

칼럼

커피 생활을 더욱 즐겁게 해 줄 수 있는 이야기를 담았습니다. 카페인이나 편의점 커피의 이야기 등 커피의 기초 지식부터 커피 업계의 최신 추세까지 총집합!

COLUMN

인스턴트 커피도 스페셜티 품질로

코로나 여파로 인스턴트 커피도 판매량이 높아지고 있습니다. 핸드 드립으로 커피를 내리고 싶은 사람, 커피는 원두를 사서 집에서 직접 갈아서 정성스럽게 내려 마시는 본격적인 커피를 지향하는 사람이 늘어나고 있지만, 인스턴트 커피는 예전부터 가정에서 즐기는 대표적인 커피입니다. 수고를 들이지 않고 커피를 마시고 싶다면 이보다 더 좋은 커피는 없죠.

인스턴트 커피를 선택한다고 해서 게으르다고 볼 수는 없습니다. 차를 마실 때 찻주전자를 꺼내 찻잎을 넣고 정성스럽게 우려내는 사람도 있고, 반대로 간편하게 티백을 사용하는 사람도 적지 않습니다. 인스턴트 커피는 티백으로 우려내는 것과 크게 다르지 않다고 생각합니다.

누가 커피를 만들어도 맛의 차이가 없고 언제나 맛있는 커피를 마실 수 있다는 점이 훌륭하죠. 하지만 패키지에 쓰여 있는 대로 꼭 지켜서 만들어야 합니다. 특별한 비결은 없지만, 기재된 분량에 맞게 물을 사용하는 것이 중요하죠.
'카레에 물을 조금만 넣는다', '보리차에 물을 아주 조금만 넣으면 고소해진다' 등과 같이 맛의 비결을 내는 방법처럼 물을 잘 사용해줘야 합니다. 저는 인스턴트 커피를 디저트로 자주 사용합니다.

예를 들어 이탈리아의 대표 디저트인 아포가토(Affogato)를 만드는 데 사용하죠.

136

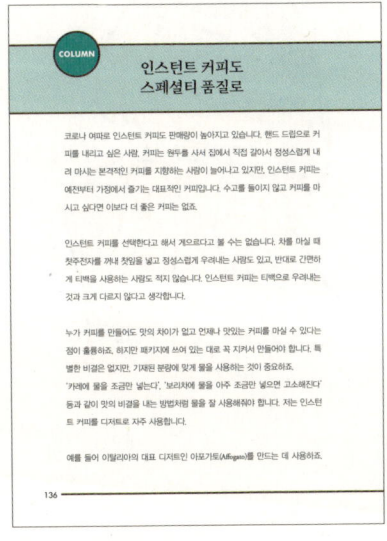

등장인물 소개

[선생님]
이자키 히데노리

제15대 월드 바리스타 챔피언십 우승자.
기업의 상품 개발과 커피에 관해 컨설팅 중.
세계의 커피 사정을 잘 알고 있으며,
쓴 에스프레소부터 달콤한 커피, 디저트까지
무엇이든 좋아한다.

[학생]
김도린

기업에서 근무 중인 회사원.
이전에는 카페에서 독서하기가 취미였지만,
최근에는 직접 커피를 내려보고 싶다고
생각하고 있다. 정성스러운 일상을 꿈꾸지만,
성격은 약간 게으르다.

각 나라의 커피를 쉽게
파악할 수 있는 부드럽고
귀여운 이미지의 캐릭터

브라질 씨

콜롬비아 씨

에티오피아 씨

엘살바도르 씨

코스타리카 씨

파나마 씨

에콰도르 씨

케냐 씨

인도네시아 씨

베트남 씨

- 이 책에 게재된 분량(커피 가루나 물)은 표준 분량으로 기재했습니다. 취향에 맞게 조절해 주시기 바랍니다.
- 추출 상태나 맛은 커피 품종이나 보존 상태, 기구 등에 따라 달라질 수 있습니다. 상황에 따라 조절하여 취향에 맞는 맛을 찾아 보시기 바랍니다.
- 어레인지 레시피는 현지의 맛과 최대한 비슷하게 고안했습니다.

재택 근무가 많아지면서 커피 인기 급상승!

코로나 여파로 늘어난 가정용 커피 시장

커피로 집에서 보내는 시간을 더욱 즐겁게 만들어보자

'홈 카페'를 향한 관심이 급상승

장기화된 코로나 여파로 외식의 기회가 줄면서 집에서 보내는 시간이 늘어난 사람이 적지 않습니다. 이렇게 여러분의 생활 패턴에도 변화가 왔듯이 커피 업계도 격변하고 있습니다.

최근의 세계 시장을 살펴보면 커피 소비량은 늘었지만 생산량은 전년도보다 줄었습니다. 이와는 반대로 수출량이 늘어난 커피가 있는데 그것은 바로 인스턴트 커피 등에 사용되는 '로부스타종'이라는 품종의 커피입니다. 병충해에 강하고 안정적으로 수확할 수 있어서 인스턴트 커피에 많이 사용됩니다. 그리고 집에 머무르는 시간이 늘어나면서 커피 소비량도 함께 늘었습니다.

국내에서도 외출을 자제하면서 가정용 커피 시장이 성장하고 있습니다. '커피 맛이라기 보다는 단순히 카페에 가서 마시는 습관'이 있는 사람들도 집에서 커피를 마시는 횟수가 늘어났을 것입니다.

인스턴트 커피   커피 추출액의 성분을 탈수, 분말화한 것. 끓인 물만 부으면 손쉽게 녹아 간단히 즐길 수 있는 즉석 커피.

로부스타종   병충해에 강해 수확 종이 많은 커피 품종. 커피 원두의 3대 원종 중 하나인 카네포라종에 속하지만, 카네포라종과 동일시되는 경우도 있다.

한 잔의 커피에 마음이 치유되는 체험

신종 코로나 바이러스의 감염 확대를 방지하기 위한 긴급 사태 선언이 발령된 직후 '클라우드 카페 #BrewHome'라는 기획을 시작했었습니다.

여기서 'BrewHome(브루 홈)'의 'Brew(브루)'는 '(커피 등을) 내린다'라는 의미입니다. 약 2개월 간 참가자들이 집에서 각기 다른 커피를 내린 후, 온라인 상에 모여 카페 테이블을 둘러싸고 앉아 있듯이 함께 커피를 마시는 이벤트였죠.

한 치 앞도 알 수 없는 불투명 상황에서 불안과 고독을 느끼는 사람들을 위한 커피 치유 효과를 실감할 수 있었던 이벤트였습니다.

그러한 동향에 맞게 카페나 커피 체인점에서도 고안 끝에 집에서도 커피를 마시고 싶은 일반 이용자들을 위한 다양한 상품을 출시하고 있습니다. 원두 1컵 분량을 갈아서 필터에 넣고 개별 포장하여 끓인 물만 부으면 손쉽게 마실 수 있는 '드립백' 등이 인기를 끌고 있습니다.

그밖에 '커피와 음식'에도 관심이 쏠리며 식품 제조사가 '커피와 함께 즐겨보세요'라는 콘셉트로 만든 음식을 개발하는 등 새로운 움직임이 생겨나고 있습니다.

이처럼 집에서 즐기는 커피가 새로운 단계에 돌입하며 우리가 즐길 수 있는 방식도 다양해지고 있습니다.

드립백 한 잔 분량의 커피 가루를 필터에 넣은 상태에서 개별로 포장한 상품. 컵 위에 이것을 얹고 끓인 물만 부으면 드립 커피가 완성.

 지금부터 시작해서 평생 즐길 수 있는 커피

인스턴트 커피나 드립백 등 간편한 상품이 주목을 끌고 있는 것과 동시에 '커피를 직접 내려 먹고 싶어' 하는 사람도 늘고 있습니다.

'직접 원두를 갈아서 정성스럽게 커피를 내리고 싶다'.
'마음에 드는 가게를 찾아서 원두를 사서 내 취향에 맞는 커피를 내리고 싶다'라는 의견을 듣다 보면 '커피는 정성스러운 삶의 상징'이라고 느끼게 됩니다.

도구나 추출에 관한 다양한 정보를 접하면 '어려울 거 같다'고 생각하실 수 있지만, '내가 맛있다'고 생각되는 맛만 만들 수 있으면 됩니다.
전문가라면 커피 원두 선택부터 추출 등 모든 동작이 일관돼야 하지만, 전문가가 아니라면 너무 어렵게 생각할 필요는 없습니다. 커피는 심도 깊은 세계이지만, 어디까지나 기호 식품에 지나지 않습니다. 긴장을 풀고 가벼운 마음으로 커피를 내려서 마셔보고 솔직한 감상에 충실하면서 커피 기술을 익혀 보시는 건 어떨까요?

독특하고 즐거운 한국의 음료 문화

한국은 서양보다는 다소 떨어지지만 아시아에서는 애호가가 점점 늘어나는 커피 소비국에 속합니다. 한국의 전통 음료에는 녹차나 둥글레차 등의 차가 있지만, 커피도 그에 버금갈 정도의 존재감을 드러내고 있습니다.

많은 직장인이 외부로 회의하러 갈 때 카페에서 커피를 시키고, 사무실에는 전자동 커피 머신이 있어 휴식을 취할 때마다 커피를 내려 마십니다. 데이트부터 복잡하게 얽힌 상담 이야기, 때로는 이별 이야기까지 삶과 인생에 있어 카페와 커피는 결코 빼놓을 수 없는 존재입니다.

흥미로운 한국의 커피 유행

1900년 대 초창기까지만 하더라도 퇴폐적인 인상이 강했던 '찻집'이 주류를 이루었습니다. 여성 단독 손님도 그다지 많지 않았죠.

예전에는 웨이터나 웨이트리스가 자리에서 주문하고 서빙해주었지만, 요즘에는 카운터에서 주문하는 '셀프서비스' 카페가 도심에서 늘면서 카페는 더 친숙해졌습니다.

커피 소비국 세계의 1인당 연간 커피 소비량은 다음과 같습니다.
한국 1.8kg   미국 4.84kg   EU 4.96kg
브라질 6.25kg   스위스 6.33kg   노르웨이 8.83kg

TIPS FOR GOOD COFFEE

　그 후, '스타벅스 커피' 등의 시애틀계 카페 체인점이 미국에서 상륙해 왔습니다. 산지나 커피를 내리는 방법을 추구하는 '스페셜티 커피', 그리고 단일 품종을 철저하게 추구하는 '싱글 오리진 커피' 등 다양한 유행이 생겨났습니다.

　신종 코로나 바이러스 감염증이 만연해지면서 많은 사람이 평안을 원하고 있습니다. 사회와의 물리적 관계를 유지하기 힘들어진 요즘이야말로 커피를 취미로 시작하기 아주 좋습니다. 커피를 내리는 방법을 알면 평생 취미로도 제격일 뿐만 아니라 감미료나 우유 등을 사용해서 자신만의 어레인지 커피를 만들 수도 있습니다. 어떻게 즐길지는 여러분께 달렸습니다.

스페셜티 커피	산지나 생산 처리, 추출 등에 정성을 많이 들인 특별한 커피. 평가는 국제적인 기준을 통해 이루어진다. 단일 농장이나 단일 브랜드로 즐기는 경우가 많다.
싱글 오리진	단일 산지의 원두만을 사용한 커피를 싱글 또는 싱글 오리진이라고 부른다. 여기에 더욱 한정적으로 단일 품종의 묘목에서 수확한 원두를 가리키기도 한다.
어레인지 커피	블렌드 커피에 생크림, 곡물, 술, 과일 등 다양한 첨가물을 추가한 것

0교시

캐릭터로 배우는 커피 원두 도감

TIPS FOR GOOD COFFEE

귀여운 캐릭터가 맛을 알려준다!

세계의 커피 산지를 알아보자

전 세계에서 친숙한 음료인 커피이지만, 그 기원과 발상지는 가설로만 알려져 있습니다. 그중에 유명한 가설은 '에티오피아설'과 '예멘설'이죠.

에티오피아설은 칼디라는 염소지기(양지기라는 설도 있음)인 소년이 발견했다는 내용입니다. 어느 날, 칼디는 염소가 어떤 나무의 열매를 먹은 후 활기를 띠는 모습을 발견했습니다. 수도사에게 이 일에 관해 상담하고 관찰한 후에 그 열매를 먹어보니 머리가 맑아진다는 사실을 깨닫고, 그 열매의 효능을 알게 되었다는 설입니다.

예멘설은 이슬람교 성직자 오말이 발견했다는 내용입니다.

오말은 어느 불상사로 인해 의심을 받아 마을에서 쫓겨나고 난 후, 먹을 것을 찾아 헤매다가 아름다운 새에 반해 따라가게 되었습니다. 그리고 거기에서 발견한 나무의 열매를 넣고 끓인 물을 마셔본 후 체력과 기력이 회복되고 활기를 띠게 되었죠.

이미 눈치채셨겠지만, 두 이야기에 모두 등장하는 '나무의 열매'가 바로 커피입니다.

에티오피아 아프리카 대륙 북동부에 있으며 아프리카에서 가장 오래된 독립국. 수도는 아디스아바바.
예멘 정식 명칭은 예멘 공화국으로 수도는 사나. 종교는 이슬람교.

생산국은 적도 주변의 벨트 지대

하지만 이는 전해지는 이야기일 뿐 농작물로써의 기원은 에티오피아에 있다는 사실이 밝혀졌습니다. 에티오피아에서는 커피에 관한 전통적인 양식과 독특한 차 문화가 남아 있어 역사의 깊이를 느낄 수 있습니다.

커피는 그렇게 에티오피아에서 전 세계로 퍼져 재배되고 있지만, 재배는 적도를 중심으로 남북으로 퍼진 지대에 집중되어 있습니다. 벨트처럼 가늘고 긴 형태라서 '커피 벨트'(26페이지)라고 불립니다.

커피 벨트에는 많은 나라가 있으며, 같은 나라 안에서도 지역별로 기후와 해발고도, 일조량, 강우량 등이 다릅니다. 그 결과, 다양한 커피가 탄생할 수 있는 셈이죠.

따라서 'ㅇㅇ(나라)의 커피는 산미가 강하다'라고 딱 잘라 말하기는 힘들지만, 커피 선택의 지표로 삼을 수 있는 국가별 맛의 특징을 알아두시면 좋습니다.

커피 생산국은 브라질이나 콜롬비아 등의 남미, 파나마나 코스타리카 등의 중미, 에티오피아 등의 아프리카, 인도네시아 등의 아시아로 나누어져 있습니다.

커피 벨트 적도를 중심으로 남북위 약 25도에서 벨트처럼 펼쳐진 지역. 기후는 거의 열대와 비슷하며 커피나무는 주로 이 지역에서 생산된다.

맛의 특징을 간단히 알아보자

◆ 남미는 균형 잡힌 맛. 특히 단맛과 신맛이 조화를 이루어 깔끔한 풍미를 즐길 수 있습니다.

◆ 중미는 프루트 계열. 숙성한 과일의 과즙과 같은 신맛과 풍미 특성에 뛰어난 커피도 있습니다.

◆ 아프리카는 과일 향과 꽃 향이 나는 특성이 있습니다. 농후한 향과 눈에 띄는 신맛이 대비를 이룹니다. 케냐 등에서는 베리 계열의 향이 나는 매력적인 원두를 생산하고 있습니다.

◆ 아시아는 프렌치 로스팅으로 제공되는 경우가 많은 인도네시아를 대표하는 강력한 맛. 바디감, 쓴맛, 향이 적절한 조화를 이루는 중후한 풍미가 특징입니다. 최근에는 필리핀 등에서 고품질의 원두를 다루는 생산자가 생겨나고 있습니다.

1980년대에 돌입하면서 커피의 재배나 유통에 대한 투명성에 관한 관심이 높아지는 와중에 1987년에 미국의 에르나 크누첸 여사가 '스페셜티 커피'를 창시해냈습니다. 스페셜티 커피란 트레이서빌리티(추적 과정)와 서스테이너빌리티(지속 가능성)가 보장된 고품질 커피를 말합니다. 스페셜티 커피는 해당 원두의 풍미 특성을 살리기 위해 싱글 오리진으로 마시고는 합니다.

그렇다고 해서 '스페셜티나 싱글 오리진만 좋은 커피'는 아닙니다. 카페나 커피숍에서 유통되는 커피 대부분은 블렌드 커피입니다. 업자나 가게에서 서로 다른 원두를 배합하면서 조화로운 맛과 품질, 안정적인 가격을 실현하기 위해 연구하여 블렌드 커피를 만들고 있습니다.

이처럼 커피 사정을 알고 생산국별 맛의 차이를 이해하면 커피 포장 정보만으로 맛의 이미지를 파악할 수 있습니다.

다음 페이지에서는 알아두면 좋은 생산국을 소개합니다. 각각의 특징을 강조한 캐릭터에 주목해 주십시오. 그리고 커피 가게에서 생산국의 이름을 봤을 때 떠올려 보시기 바랍니다. 커피 원두 선택에 정답은 없습니다. 그저 '즐겁게 선택할 수 있는 것'이 목표죠.

캐릭터로 배우는 커피 원두 도감

트레이서빌리티	영어로 '과정을 추적한다'라는 의미. 식품에서는 제조, 처리 및 가공, 유통 및 판매 등의 각 단계의 정보를 추적할 수 있도록 한 것. 스페셜티 커피와 관련하여 자주 사용되는 단어.
블렌드 커피	서로 다른 원두를 배합하여 만든 커피. 대부분 기본 맛을 정한 후 특징이 다른 원두를 숨겨진 맛으로 첨가하여 새로운 맛을 만든다.

TIPS FOR GOOD COFFEE

산지는 커피 벨트에 집중되어 있다!

커피는 에티오피아에서 생겨나 이슬람 세계를 거쳐 전 세계로 전해진 것으로 알려져 있습니다. 생산국은 적도 주변에 집중되어 있어 해당 지역이 마치 세계 지도를 감싸는 벨트와 같은 모양을 띱니다.

- 에티오피아 32페이지
- 케냐 42페이지
- 베트남 46페이지
- 인도네시아 44페이지
- 적도
- 커피 벨트

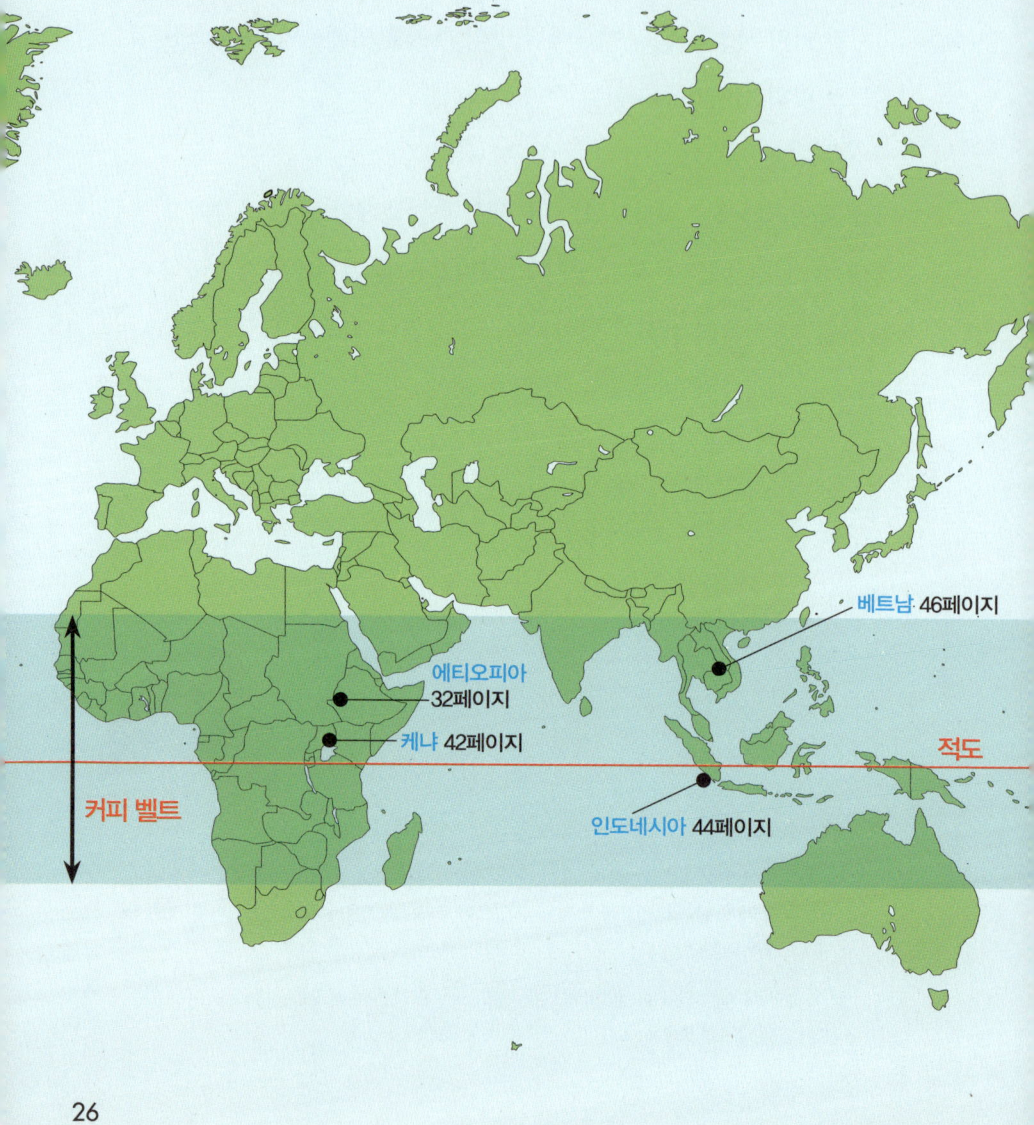

커피나무는 열대 식물로 커피 생산에 적합한 땅은 적도 부근에 집중되어 있다. 특히 적도를 끼고 남북위 약 25도의 지대를 '커피 벨트(커피존)'라고 부른다. 열대 지방과 거의 겹쳐 있으며 아프리카 중부와 중남미, 동남아시아 등이 포함되어 있다. 하지만 이 지역 외에도 품질 좋은 커피를 생산하는 나라가 늘어나고 있다.

엘살바도르 34페이지
코스타리카 36페이지
파나마 38페이지
에콰도르 40페이지
콜롬비아 30페이지
브라질 28페이지

TIPS FOR GOOD COFFEE

[대표적인 생산국 ①]

브라질

커피 생산량이 세계 1위에 달하며 세계 총생산량의 약 30%를 생산하고 있습니다. 신맛이 적고 향이 좋아서 많은 사람에게 사랑받고 있죠. 그 맛의 비결을 알아봅시다.

마시기 편해 누구나 좋아하는 만능선수

[대표적인 품종] 문도노보, 옐로부르봉   [맛의 특징] 부드러운 맛

브라질은 한국에서 봤을 때 지구 정 반대편에 있는 나라입니다. 꽤 멀리 떨어져 있는 것처럼 느껴지지만, 1900년대 초부터 아시아인들이 이민자로 건너가서 커피 농장에서 일하는 등 아시아와 깊은 유대감을 가지고 있는 나라입니다. 특히 일본인들의 이민이 많아서 '긴브라'라는 말까지 있을 정도였습니다.

'긴브라'는 '긴자를 어슬렁거린다'라는 의미로 말을 줄여서 사용하는 경우도 많지만, 원래는 '긴자에서 브라질 커피를 마신다'라는 의미였다고 합니다. 그 정도로 커피 생산국으로 존재감이 컸던 것이죠.

그도 그럴 것이 150년 이상에 걸쳐 세계 최대의 커피 생산지를 유지하고 있고 세계 커피 총생산량의 약 30%를 생산하고 있기 때문입니다. 국토 면적 세계 5위의 드넓은 토지를 가지고 있다 보니 다양하고 풍부한 기후 덕에 산지 또한 그만큼 다양합니다. 생산성을 우선으로 하는 생산자부터 '소량이라도 품질이 좋은 커피'를 추구하는 소규모 생산자까지 두루두루 갖추고 있습니다.

> **POINT**
> 신맛이 적어 마시기 편해서
> 누구나 좋아하는 부드러운 계열

품질 향상에 힘쓰는 브라질의 생산자들은 '컵 오브 엑셀런스(Cup of Excellence)'라는 품평회에 커피를 출품해 왔으며, 현재는 여러 국가에서 개최되고 있습니다.

이러한 배경 덕분에 '브라질 커피'는 맛과 향, 품질도 다양합니다. 매력을 한마디로 표현하기 힘들지만, 부드럽고 균형 잡힌 맛이 특징적인 커피입니다. 신맛은 적고 수확량은 안정적이며 가격도 적당하여 그야말로 만능선수라 할 수 있습니다. 블렌드 커피의 기본 맛으로 자주 사용됩니다. 같은 남미이지만 신맛이 두드러지는 콜롬비아 원두나 꽃 향기가 나는 아프리카의 에티오피아 원두와 비교해서 마셔 보시면 어떨까요?

TIPS FOR GOOD COFFEE

[대표적인 생산국 ②]

콜롬비아

콜롬비아는 신맛과 단맛이 조화를 이루는 커피 생산국입니다. 콜롬비아 또한 국토가 넓어 기후가 다양하며, 생산자들도 끊임없이 연구하면서 매력적인 커피를 만들어내고 있습니다.

신맛과 단맛의 균형이 뛰어나다

[대표적인 품종] 카투라, 카스티조   [맛의 특징] 가벼운 신맛과 단맛의 균형

브라질, 베트남에 이어 커피 생산량이 세계 3위인 콜롬비아는 한국에도 수출을 많이 하고 있습니다.

콜롬비아의 커피 재배에서 남북을 가로지르는 안데스 산맥의 영향이 적지 않습니다. 거대한 국토 안에는 다양한 해발고도의 토지가 있고 그에 따라 달라지는 기후가 존재하여 그런 기후에 맞게 커피를 재배하고 있습니다. 이처럼 산지가 다양하기 때문에 일 년 내내 커피를 수확하고 출하할 수 있다는 큰 이점이 있습니다.

또 콜롬비아에서는 수확 시기가 1년에 2차례에 걸쳐 있는데 나중에 수확되는 원두를 '미타카'라고 부릅니다.

POINT
**블렌드 능력은 세계 최고.
신맛과 단맛의 균형이 뛰어나다.**

생산자의 대부분은 소규모 농가입니다. 그 생산자의 대부분은 콜롬비아 커피생산자연합회(FNC)라는 조직에 가입되어 있습니다. FNC는 1927년에 생겨난 조직으로 한국의 농협과 같은 존재죠. 커피의 생산이나 수출 등 커피에 관한 다양한 사업 일체를 총괄하고 있습니다.

FNC에는 모자와 수염이 특징적인 '후안 발데스'라는 이름의 캐릭터가 있는데 이 후안 발데스 브랜드 카페나 커피 원두를 판매하며 세계에 그 매력을 어필하고 있습니다.

콜롬비아 원두의 특징은 '신맛과 단맛이 조화롭다'라고 알아두시면 좋습니다.

에스프레소와 궁합도 잘 맞아 월드 바리스타 챔피언십 등의 대회에서도 많이 선택하는 우수 산지입니다.

TIPS FOR GOOD COFFEE

[대표적인 생산국 ③]

에티오피아

에티오피아는 커피 발상지로 '커피 세리머니(Coffee Seremony)'라는 전통 의식도 있습니다. 여전히 뛰어난 품종도 많이 생겨나고 있어 에티오피아 커피의 잠재력은 현재도 세계 최고 수준이죠.

꽃과 같은 화려한 향기

[대표적인 품종] 에티오피아 재래 품종
[맛의 특징] 홍차와 같은 화려한 향기

에티오피아는 커피 발상지로 알려져 있지만, 당초에는 커피의 과육이나 씨앗을 끓이기만 해서 마셨습니다. 그 후에 씨앗을 볶아서 마시게 되었다고 하죠.

한국에서 찻집이 유행일 때는 향이 좋은 고급 커피의 대표격인 '모카'가 인기를 끌었습니다. 모카는 에티오피아의 인접국인 예멘의 항구 이름으로, 원래는 예멘 모카 항구에서 수출된 커피 원두가 '모카'이지만, 인접국인 에티오피아의 커피도 모카라고 불렸습니다.

현재는 '게이샤'라는 품종이 세계를 석권하고 있습니다. 사실 게이샤는 에티오피아 원산 품종입니다. 에티오피아의 '게이샤 마을'에서 발견되어서 그렇게 불리게 되었습니다.

POINT
커피라는 생각이 안 들 정도로 화려한 향과 홍차와 비슷한 맛

파나마의 에스메랄다 농장의 게이샤는 고급스러운 과일 주스와 비슷한 달콤함과 열매의 맛을 지니고 있고 향수와 같은 화려한 향기도 납니다. 파나마산이 특히 인기가 있지만, 에티오피아나 중남미 생산 중에서도 소량으로 만들고 있으며, 향과 맛이 뛰어납니다. 또 에티오피아에서는 게이샤만큼 고가 커피가 아니더라도 예가체프 지방의 커피도 품질이 좋아 인기가 있습니다. 꽃이나 홍차가 떠오르는 화려한 향과 깔끔한 신맛이 특징이죠.

아무래도 커피 발상지인 만큼 다룰 내용이 많은 에티오피아. 커피를 내려서 손님을 대접하는 '커피 세리머니' 등의 독특한 차 문화도 있어 커피 팬들이 동경하는 생산국입니다.

TIPS FOR GOOD COFFEE

[대표적인 생산국 ④]

엘살바도르

커피의 신맛에 매력을 느낀다면 이 커피에 주목해 주세요. 중미에는 세계적으로 유명한 산지가 많지만, 그중에서도 엘살바도르 원두는 깔끔한 신맛이 특징입니다.

신맛 계열의 커피에 입문하기 좋은 원두

[대표적인 품종] 부르봉, 파카마라

[맛의 특징] 깔끔한 신맛과 과일 향

엘살바도르는 제주도의 약 10배 면적을 합친 정도의 작은 국가입니다. 중미에서는 가장 작은 나라이자 20개 이상의 활화산이 있어 세계 유수의 화산 대국으로 유명합니다.

2021년에는 세계 최초로 암호 자산(가상 화폐)인 비트코인을 법정 화폐로 도입하여 큰 화제를 모았습니다.

기후 조건은 커피 재배하기에 적합하여 1880년에는 세계 4위의 커피 생산국이 되었던 실적도 있습니다.

1956년에는 국립 커피 연구소가 설립되었는데 '파카마라'라는 인공 교배종이 유명하며, 원두의 알맹이가 매우 크고 향과 신맛도 유일무이할 정도로 뛰어난 품종입니다.

> **POINT**
> 입에 머금고
> 기분 좋은 신맛을 즐겨 보세요.

그 후 불행하게도 내전과 혁명 등으로 인해 커피 산업은 일시적으로 쇠퇴했지만, 최근에는 뛰어난 생산자가 고품질 커피를 생산하고 있습니다.

세계적으로 유명한 산지가 많은 중미 중에서도 '엘살바도르는 신맛과 풍미가 뛰어난 커피가 많은 것' 같습니다. 맛은 대체로 깔끔한 느낌의 신맛이 특징입니다. 감귤계의 신맛과 열매와 같은 과일 향은 엘살바도르 원두만의 매력이죠.

또 파나마의 게이샤가 유명하지만, 엘살바도르에도 뛰어난 게이샤를 재배하는 생산자가 있어 주목을 받고 있습니다.

TIPS FOR GOOD COFFEE

[대표적인 생산국 ⑤]

코스타리카

국내 수입량은 그다지 많지 않지만, 커피숍에서 코스타리카산 원두가 눈에 띈다면 꼭 한 번 마셔 보십시오. 분명 양질의 신맛과 훌륭한 향에 매료될 것입니다.

균형 잡힌 우등생과 같은 생산국

[대표적인 품종] 카투라, 카투아이, 비야사르치
[맛의 특징] 단맛과 혀 끝에 느껴지는 질감이 좋다

군대를 폐지하고 교육과 의료에 힘을 쏟고 있는 복지 국가 코스타리카. 국립공원과 자연보호 구역도 많아 열심히 환경도 보호하며 환경 보전과 경제라는 두 마리 토끼를 잡는 생태 관광도 성행 중입니다. 커피 농장 견학을 포함한 여행 플랜도 인기가 있다고 합니다.

1933년 정부는 커피 재배를 위해 생산자와 함께 '코스타리카 커피 협회(CICAFE)'를 조직했습니다. 1988년 정부는 고품질에 향기가 뛰어난 '아라비카종' 이외의 생산을 금지하는 법률을 규정하여 브랜드 유지에 힘을 쏟았습니다.

> **POINT**
> 쓴맛이 덜하고
> 과일과 같은 신맛도 난다.

최근의 커피 재배에서도 독특한 대처가 눈에 띕니다. 그 대표가 바로 '마이크로 밀(Micro mill)'입니다. 가족이나 소규모 생산자 그룹 등의 작은 단위로 생산 처리 설비를 준비하고 '소규모 고품질'의 커피를 생산하는 시설을 의미합니다.

또 커피 원두 제조에서도 '허니 프로세스(Honey Process)'라는 독자 처리 방법을 확립하는 등 개성을 발휘하고 있죠.

최근 코스타리카의 커피가 국제적으로 높은 평가를 받고 있지만, 국내 수입량은 그렇게 많지는 않습니다. 하지만 원두의 산지나 품질을 추구하는 카페나 커피숍에서 코스타리카산 원두를 접할 수 있는 기회가 늘어났죠.

코스타리카에는 소규모 농가나 농장이 많아서 다양한 매력의 원두가 있습니다. 대체로 단맛이 있는 깔끔한 신맛을 쉽게 느낄 수 있는 매력적인 원두가 많습니다. 정성스럽게 커피를 내려서 향을 충분히 느끼며 마시길 권하는 원두 생산국입니다.

[대표적인 생산국 ⑥]

파나마

파나마 커피의 특징은 상큼한 신맛입니다. 국제 품평회에 출품되어 당시 세계 최고 가격이 붙은 에스메랄다 농장의 '게이샤'가 주목을 받았지만, 그 이외에도 맛있는 원두가 많습니다!

커피 마니아라면 게이샤를 마셔보세요!

[대표적인 품종] 게이샤
[맛의 특징] 향수와 같은 풍미와 상큼한 신맛

파

나마는 미대륙의 남과 북을 이어주는 가늘게 굴곡진 부분에 위치해 있습니다.

카리브해와 태평양을 연결하는 파나마 운하가 있어 많은 사람과 물건이 오고 가는 교통의 요충지로 정치, 경제, 문화의 중심지이기도 합니다.

환경과 기후는 중미에서도 최남단에 위치해 있어 온도 차이가 큽니다. 성장기에 비가 내리고 수확기에 건조하고 일조량이 풍부해서 커피를 재배하기 편리한 조건을 갖추고 있죠.

> **POINT**
> 고품질의 생산국으로
> 인기 급상승 중!

파나마 커피는 2004년에 세계적인 주목을 받기 시작했습니다. '베스트 오브 파나마'라는 국제 품평회에 출품된 에스메랄다 농장의 '게이샤'라는 품종의 커피가 당시 세계 최고 가격으로 낙찰되었습니다. 홍차처럼 가벼운 느낌, 사랑스러운 꽃과 같은 향과 감귤계의 풍미는 다른 원두에서는 맛볼 수 없어 독특한 특징이 있습니다.

그 이후 세계 시장에서 파나마의 게이샤는 상당한 고가로 거래되며 특별한 존재감을 드러냈습니다.

그 이후, 파나마 내에서 게이샤종 재배에 돌입한 농장도 늘어났습니다.

하지만 전체 생산량을 따져보면 게이샤의 생산량은 여전히 적은 편입니다. 생산량이 많은 품종은 카투라, 카투아이라는 품종이죠. 이 품종들의 대량 생산을 목적으로 삼다가 뛰어난 기후와 환경 속에서 재배하는 의욕 있는 생산자 덕분에 훌륭한 품질의 커피가 탄생하여 세계로 유통되고 있습니다.

맛은 깔끔한 계열이 많고 상큼한 신맛이 매력적입니다.

TIPS FOR GOOD COFFEE

[대표적인 생산국 ⑦]

에콰도르

바나나 생산국의 이미지가 강한 나라이지만, 최근의 에콰도르는 고품질 커피 생산으로 주목을 받고 있습니다. 신맛이 뚜렷하면서도 단맛도 있는 훌륭한 커피를 전 세계로 수출하고 있습니다.

깔끔한 신맛에 세계가 주목!

[대표적인 품종] 시드라, 티피카 메호라도
[맛의 특징] 단맛과 함께 과일 향의 풍미

남미의 북서부, 태평양과 맞닿아 있는 적도 바로 아래에 위치한 국가, 에콰도르. 면적은 한국의 약 2.5배 정도이며, 안데스 산맥과 아마존강 유역의 열대림과 해안의 맹그로브 숲 등이 있어 풍부한 자연환경을 갖추고 있습니다. 또 박물학자인 다윈에게 진화론을 떠올리게 하는 계기를 선사해주었던 갈라파고스섬도 에콰도르의 바다에 있습니다.

이처럼 풍부한 자연과 생태계에 둘러싸인 덕에 커피 외에 바나나와 카카오 등의 농작물로도 유명합니다. 해발고도 6000m가 넘는 안데스 산맥이 남북을 가로지르고 있어 국토 전체가 산악 지대로 이루어져 있습니다. 커피 재배에 유리한 지리적, 기후적 조건이 갖추어져 있어 고품질 커피를 생산 중이죠.

> **POINT**
> 안데스 산맥의 고지가
> 풍미가 풍부한 커피를 만들어낸다.

지금까지 에콰도르산 커피는 그다지 좋은 평가를 받지 못했지만, 커피 산업을 향한 기대는 비약적으로 높아졌습니다. 또 아직 개발되지 않은 토지도 남아 있어 알려지지 않은 커피 품종을 향한 기대도 받고 있죠.

그런 에콰도르 커피는 '신맛은 뚜렷하지만 단맛도 풍부'하다는 특징이 손꼽히고 있습니다. 단맛과 신맛 등의 취향의 맛이나 향이 적절히 조화를 이루고 있어 마시기 편한 커피가 많습니다.

그리고 앞으로 주목 받을 것으로 예상되는 '시드라' 품종. 부르봉의 변이종으로 딸기와 비슷한 열매의 맛과 과일향이 나는 껌처럼 선명하고 강렬한 단 향을 풍깁니다. 그밖에도 국내에서 발견한 돌연변이종도 있어 커피 산지로서 잠재력이 높다고 볼 수 있습니다.

TIPS FOR GOOD COFFEE

[대표적인 생산국 ⑧]

케냐

아프리카를 대표하는 커피 산지 중 하나. 우기가 한 해에 두 번 있어서 한 해에 두 차례 수확할 수 있다는 강점이 있습니다. 맛은 깔끔하고 과즙처럼 신선한 신맛이 나기도 합니다.

블랙커런트나 베리처럼 상큼한 계열

[대표적인 품종] SL28, SL34
[맛의 특징] 블랙커런트나 베리류처럼 중후함이 느껴지는 신맛

아프리카 동부의 적도 바로 아래에 위치한 국가인 케냐! 커피 발상지로 유명한 에티오피아의 인접국이며, 아프리카를 대표하는 커피 산지 중 한 곳입니다. 하지만 케냐에서는 다른 나라보다 커피 생산을 늦게 시작했습니다.

그렇지만 우기가 한 해에 한 번 있는 국가에서는 개화와 수확이 한 해에 한 번이지만, 우기가 한 해에 두 번이나 있어서 한 해에 두 차례나 수확할 수 있다는 강점이 있죠. 그리고 생산자들이 출자하여 세계 최초의 커피 연구 기관을 설립하는 등 커피 생산을 적극적으로 홍보하고 고품질 커피를 수출하는 생산국으로 인지도가 높아지고 있습니다.

> **POINT**
> 베리계 과일의 신맛이 있어
> 풍부한 풍미가 입안에 퍼진다.

케냐에서는 커피와 같은 기호 식품인 홍차의 생산도 발달하여 찻잎을 공처럼 둥글게 빚은 귀여운 형태의 홍차가 유명합니다.

케냐 국민들은 커피보다 우유를 넣은 홍차를 더 자주 마신다고 합니다.

케냐의 원두를 전문점 등에서 찾으면 '케냐 AA'처럼 영어가 붙어 있는 모습을 볼 수 있습니다. 케냐에서는 스크린 사이즈(원두의 크기)에 따라 원두의 등급을 매기고 그것을 알파벳으로 표기합니다.

크기가 클수록 등급이 높아지는데 스크린 사이즈 17~18(6.8~7.2mm) 정도가 되어야 최고 등급인 AA를 받을 수 있습니다.

케냐 원두의 맛은 '기품이 있는 과일 주스를 떠오르게 하는 열매의 맛과 신선한 신맛이 느껴진다'라고 표현할 수 있습니다.

양질의 케냐 커피에는 신선한 신맛 속에 느껴지는 베리계 과일이나 용과 등의 풍미를 느낄 수 있습니다.

[대표적인 생산국 ⑨]

인도네시아

인도네시아 원두는 강력한 바디감과 깊이 있는 뒷맛, 그리고 독특한 흙의 향이 특징입니다. 수마트라섬에서 재배되는 향이 진한 '만델링' 외에도 뛰어난 커피가 다양하게 있습니다.

바디감이 있고 진한 맛

[대표적인 품종] 로부스타, 티모르 하이브리드
[맛의 특징] 흙과 같은 향과 중후함이 있는 바디감

인도네시아는 동남아시아의 말레이 제도 남부에 위치한 나라입니다. 아시아에서는 세계 2위의 베트남에 이어 커피 생산량이 많으며 세계 커피 생산량은 4위입니다.

'만델링'과 '토라자' 등이 고급 커피로 인기를 끌었습니다. 참고로 만델링은 지명이 아니라 수마트라섬에 있던 부족의 이름입니다.

이 브랜드들은 이름이 잘 알려져 있지만, 그 외에는 생산량에 비해 인지도가 여전히 낮은 편입니다. 아시아 지역의 경제 발전에 따라 커피 산업도 발전하여 더 뛰어난 커피 산지가 될 가능성도 있습니다.

> **POINT**
> 목 넘김이 좋아서
> 어레인지 음료에도 제격.

만델링을 산출하는 수마트라섬에는 '수마트라식'이라 하여 수확한 생두를 짧은 시간에 말려 커피의 독특한 풍미를 만들어내는 방식이 있습니다. 커피 열매에서 씨앗을 꺼낸 후 2단계로 나눠서 건조하는 방식이죠. 과육을 제거하고 끈적한 점액이 붙어 있는 상태에서 첫 번째 건조와 탈곡을 진행하고 다시 건조하여 완성합니다. 기온이 높은 이 지역에 적합한 방법으로 독특한 풍미와 향을 자아냅니다.

인도네시아 커피는 '만델링 등의 브랜드는 화려하고 농후한 향과 깊이가 특징적이며, 그 외의 원두는 매콤한 향, 흙과 같은 향과 진한 쓴맛이 있다'라고 요약할 수 있습니다.

최근에는 생산자의 세대교체가 이루어져 세계의 생산지와 이전 세대에게 배움을 받은 젊고 의욕적인 생산자가 뛰어난 커피를 만들어내고 있습니다. 앞으로가 더 기대되는 생산국이죠.

TIPS FOR GOOD COFFEE

[대표적인 생산국 ⑩]

베트남

아시아 최대 생산국이자 생산량 세계 2위의 베트남. 바디감과 쓴맛, 깊이감이 확실한 맛 덕분에 연유를 듬뿍 넣어 마시는 베트남 커피가 유명합니다. 최근에는 풍미가 좋은 품종 재배도 인기가 있습니다.

우유와 최강의 조합

[대표적인 품종] 로부스타, 카티모르
[맛의 특징] 쓴맛이 강하고 중후한 맛

인도차이나 반도 동부에 위치한 베트남. 열대 몬순 기후에 속해 있어 기온이 높고 비가 많이 내리는 특징이 있습니다.

1857년에 베트남을 식민지로 지배했던 프랑스가 커피 묘목을 들여와서 본격적인 재배가 시작되었다는 설이 있습니다. 그 후, 커피 재배는 베트남 전쟁으로 중단되었지만, 도이 머이 정책(개혁 개방 노선)으로 인한 산업으로 크게 성장했습니다. 현재 베트남 커피는 세계 2위의 생산량을 자랑하고 있죠.

품종으로는 '로부스타종'이 주류로 품질 면에서 아라비카종에 못 미칠 것이라고 여겨졌지만, 매년 심각한 병해에 내성이 생기며 생산량도 많아져 안정적인 공급에 빠지지 않는 품종입니다. 한국 수입량도 많은 편이며, 커피 산업의 버팀목과 같은 역할을 맡고 있습니다.

> **POINT**
> 아시아 최대 생산량.
> 카페오레로 만들어도 맛있다.

또 로부스타종 중에서도 'G1 폴리시드' 등 정제 상태가 좋은 뛰어난 품종도 재배되고 있습니다. 그리고 최근에는 향과 맛이 뛰어난 아라비카종의 생산을 늘리려는 노력도 하고 있어 앞으로의 발전이 더 기대되고 있습니다.

베트남 사람은 커피를 일상적으로 마십니다. 베트남 특유의 커피로는 연유를 넣어 마시는 '베트남 커피'가 유명합니다.

베트남 커피는 확실하고 중후한 바디감이 있는 맛이 특징입니다. 그래서 우유나 연유를 넣어도 풍미를 쉽게 잃지 않는다는 특징이 있죠. 또 최근에는 요거트를 넣은 어렌지 커피도 인기입니다.

양질의 케냐 커피에는 신선한 신맛 속에 느껴지는 베리계 과일이나 용과 등의 풍미를 느낄 수 있습니다.

온도에 따라 미각이 바뀝니다

커피를 내린 직후와 식었을 때의 커피 맛이 다르다는 것을 체감을 통해 느꼈던 분도 있을 것입니다. 이처럼 '온도에 따라 맛의 느낌이 달라진다'라는 점을 이용해서 좋은 커피를 구분하기도 합니다.

우선 커피는 '온도가 낮아져서 체온과 비슷해졌을 때 정확한 맛을 파악'할 수 있습니다. 따라서 식었을 때 맛없는 커피는 품질이 그다지 좋지 않음을 의미하죠. 최근에 제가 마시고 '이건 너무 맛있는데!? 미쳤다'라고 생각했던 몇 가지 커피가 있습니다.

중남미나 아프리카의 원두가 고품질에 풍미가 좋다는 평가를 받고 있지만, 최근에는 아시아의 커피가 눈에 띄게 좋아지고 있습니다. 예를 들면 인도네시아나 필리핀을 꼽을 수 있습니다.

스페셜티 커피 세계에서는 맛을 평가하기 위해 '커핑'이라는 테이스팅을 진행합니다. 합계 득점 80점 이상이면 '스페셜티 커피'로 평가되며 고가에 거래가 되죠. 제가 커핑 했던 필리핀의 커피는 지금까지는 생각지도 못했던 85점을 뛰어 넘는 품질의 훌륭한 커피였습니다.

최근 필리핀이나 인도네시아 등의 아시아 커피 산업에서는 30세 전후의 밀레니엄 세대와 Z세대라고 불리는 세대(일명 MZ 세대)가 큰 활약을 펼치고 있습니다.

바리스타 이자키가 들려주는 커피 이야기 ①

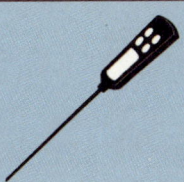

선진 생산국이나 해외의 일류 생산자에게 배우며 국제 감각을 익힌 후 자국으로 돌아오기 때문에 강점이 되고 있는 셈이죠. 그런 과정을 겪은 생산자가 시행착오를 겪으며 재배한 커피 원두를 '마셔보고 피드백을 주세요'라며 저에게 보내왔습니다.

이러한 움직임은 전 세계에서 찾아볼 수 있습니다. 지금까지 해외로 진출하기에 바빴던 사람들이 건전한 애국심을 가지고 자국의 산업에 주목하며 고품질 커피를 만들어서 나라를 발전시키고 싶다는 마음으로 고군분투하고 있는 것이죠.
그런 과정을 거쳐 저에게까지 전 세계에서 맛있는 커피가 전달되어 왔고 맛볼 기회가 찾아왔습니다. 아시아의 커피도 좋지만, 최근에는 에콰도르의 커피도 빼놓을 수 없습니다.
'고품질 커피는 따뜻할 때부터 식을 때까지 맛있다'라는 생각이 재차 듭니다. 따뜻할 때는 재스민과 비슷한 향이었는데 식으면서 풍미가 오렌지 블로섬으로 바뀌기도 합니다. 이처럼 온도에 따라 '맛의 변화'를 즐길 수 있는 커피야 말로 좋은 커피가 아닌가 생각합니다.

산지 환경의 특성을 가리키는 '테루아르'라는 와인 용어가 커피의 평가법을 바꿔놓았습니다. 온도에 따라 맛의 변화를 즐기는 테이스팅도 커피 세계를 변화시켜 새롭게 커피를 즐기는 방법이 생겨날지도 모르겠습니다.

1교시

지식이나 도구 없이
알아보는 커피의 구조

TIPS FOR GOOD COFFEE

커피의 정체는 식물의 씨앗

아무 생각 없이 마셨던 커피, 잠시 찬찬히 살펴보십시오. 어째서 이렇게 향이 좋지? 왜 이런 색을 띠는 거지? 그런 호기심을 통해 심도 깊은 커피의 세계를 들여다볼 수 있습니다.

> 커피나무에서 수확한 열매에서 꺼낸 씨앗은 정제→로스팅→그라인딩→추출을 거쳐 커피가 된다.

커피나무가 열매를 맺는 '커피 체리'
(자세한 내용은 55페이지를 참조)

커피 체리 안에 있는
2개의 씨앗이 커피의 정체

카페나 레스토랑에서 내린 커피를 마시기는 하지만, 직접 커피를 내리는 습관이 있는 사람은 그다지 많지 않을 것입니다. 또 '가족이나 친구가 내려줘서 나는 마시기만 한다'는 사람도 있겠죠.

직접 커피를 내리는 사람이라면 주의 깊게 살펴봤을지 모르겠지만, 커피는 밝은 갈색부터 어두운 흑색까지 색이 다양합니다. 그리고 매력적인 향을 풍기는 액체죠. 보면 볼수록 신기하다는 생각이 들지 않나요? 그렇다면 이 향의 정체는 무엇일까요? 그리고 왜 이렇게 검은색을 띠는 것일까요? 사실 이 커피라는 액체는 나무에서 피어난 꽃의 씨앗을 볶아서 분말로 만든 후 끓인 물을 부어 추출물을 내린 것입니다. 좋은 향이 나는 이유는 다양한 성분이 포함된 씨앗을 토스트처럼 뒤집으며 볶아서 향의 매력을 더욱더 늘려주었기 때문입니다.

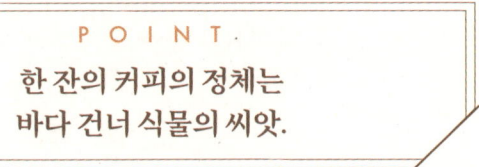

POINT.
한 잔의 커피의 정체는
바다 건너 식물의 씨앗.

아무 생각 없이 '커피 원두, 커피콩'이라고 부르고는 하지만, 사실은 커피의 '씨앗'인 셈이죠. 커피의 색이 검은 이유는 커피 씨앗을 로스팅하기(볶기) 때문입니다.

이런 정보를 통해 다른 어떤 음료로도 대체할 수 없다는 사실을 알 수 있습니다. 커피를 누가 어떻게 발견하고 음료로 사용하게 되었는지에 대해서는 아직 밝혀지지 않은 부분도 있습니다.

아프리카 대륙에서 발견된 후 맛과 피로 해소 효과 등으로 가치를 인정받았고 전 세계에 보급되었으며, 지금도 세계 어딘가에서 커피를 키우고 원두를 만드는 사람이 있으니 여러분께서 커피를 마실 수 있는 것이죠. 참 기묘한 일이 아닐 수 없습니다.

하얀 꽃의 씨앗에서 당신의 컵으로
식물의 씨앗이 커피가 되기까지

 커피는 붉은 열매의 시대가 있다

앞서 설명드렸듯이 커피 원두는 식물의 종자, 즉 '씨앗'입니다.

커피의 식물 이름은 '커피나무'로 '꼭두서니과 커피나무속'으로 분류됩니다. 참고로 향이 좋은 하얀 꽃으로 유명한 치자나무도 꼭두서니과에 속합니다. 커피도 아주 귀엽고 하얀 꽃을 피우며 사랑스러운 향을 풍깁니다.

꽃이 핀 후에는 다른 식물과 마찬가지로 열매를 맺습니다. 열매는 처음에 녹색을 띠지만, 점점 붉은색이나 보라색 계열의 붉은색으로 익어갑니다. 품종에 따라서는 붉은 계열이 아니라 노란색 계열의 열매가 생기는 것도 있지만, 형태는 둥글거나 타원형을 띱니다. 마치 체리와 비슷한 모습을 갖추고 있어서 '커피 체리'라고 불리죠.

커피나무 꼭두서니과의 상록수. 야생의 상태에서는 9~12m 정도 성장하지만, 농장에서는 수확을 편하게 하기 위해 2m 정도로 가지치기를 하는 경우가 많다. 잎은 길쭉한 타원형.

열매에서 꺼낸 씨앗이 생두로 변신

커피 체리 속에는 씨앗이 들어 있는데 이것이 바로 우리에게 익숙한 커피입니다. 씨앗은 공을 반으로 나눈 것처럼 반구형을 띠며, 두 개의 씨앗이 마치 서로 마주 보고 있는 것처럼 귀엽게 열매 속에 들어가 있습니다.

커피 체리의 과육은 얇지만, 나무에서 따지 않고 충분히 숙성시키면 당도가 20도를 넘기도 해서 먹으면 단맛을 느낄 수 있습니다. 당도란 100g당 당분의 양을 나타내는 지표로, 복숭아나 포도도 당도가 20도를 넘으면 상당히 귀중한 상품으로 취급을 받으며 거래되고는 합니다.

참고로 커피 체리는 과육에도 카페인이 들어 있습니다.

커피 체리의 수확은 수작업뿐만 아니라 기계로도 진행됩니다. 수확 후, 과육을 제거하고 씨앗만 건조, 탈곡 등의 생산 처리를 진행하여 '생두'로 가공합니다.

커피 체리 원산지에서는 숙성된 커피 체리에서 짜낸 과즙을 발효시켜 마시기도 한다.

카페인 커피나무(꼭두서니과), 차나무(동백나무과), 카카오나무(벽오동과)는 계통은 다른 식물이지만, 모두 카페인을 포함하고 있다. 카페인은 각성 작용으로 알려지며, 예부터 음료로 사용되었다.

소비국에서 로스팅하여 당신의 컵 속으로

커피는 이 생두의 상태로 수출되는 경우가 많으며, 바다를 건너 소비국에 도착한 후에 로스팅이 이루어집니다.

커피 원두에는 많은 성분이 포함되어 있습니다. 그러한 성분에 열기가 더해져 화학 변화가 일어나면 커피 특유의 향과 맛 등을 끌어낼 수 있는데 이러한 공정을 '로스팅'이라고 합니다. 로스팅하기 전 생두는 연한 녹색을 띱니다. 풋내가 나서 그 상태로는 커피로 내려서 마실 수 없죠. 로스팅이란 커피 원두를 볶는 것을 의미합니다. 원두에 포함된 성분은 로스팅을 통해 변화하여 맛과 향을 구성하는 성분으로 바뀝니다.

커피를 로스팅하면 다갈색이나 흑갈색으로 변하고 향이 생겨납니다. 원두의 내부에서는 마이야르 반응과 캐러멜화 등으로 인해 변화가 일어나면서 향과 단맛, 신맛, 쓴맛 등이 이때 생깁니다.

마이야르 반응	식품을 가공하는 도중에 일어나는 화학반응의 하나. 커피 원두나 토스트 등을 뒤집으며 익혔을 때 노릇노릇한 색, 막 구운 빵 등의 고소한 향 등을 만들어낸다.
캐러멜화	캐러멜화 반응이라고도 한다. 식품에 포함되어 있는 당류가 가열을 통해 반응하여 노릇노릇한 색으로 변하는 현상을 말한다.

커피 지식을 얻었다면 **곧바로 커피를 내려보자**

다양한 커피 지식을 얻었다면 다음 단계는 추출입니다.

이렇게 만들어진 원두로 커피를 내리는 대표적인 방법인 '드립' 방식을 간단히 설명하자면 다음과 같습니다.

① 원두를 분쇄한다
② 끓인 물을 붓는다
③ 물에 커피 성분이 녹아내리게 둔다

'어느 화학 변화를 어디까지 진행하고 어디에서 멈춰야 할지' 기준이 잡혀 있는 로스팅 기술을 갖춘 커피숍이나 자기 취향에 맞는 로스팅 정도의 커피와 만날 수 있다면 참 좋겠죠.

맛있는 커피 원두를 발견한다면 커피를 내려서 마시기만 하면 됩니다. 시행착오를 겪어가며 능숙해질 수 있도록 노력해 봅시다.

TIPS FOR GOOD COFFEE

전용 도구가 없어도
차 거름망으로 OK

전용 도구가 없어도 차 거름망만 있으면 커피를 내릴 수 있습니다. 커피 가루에 끓인 물을 붓고 4분간 둔 후, 차 거름망으로 커피 가루만 걸러내면 됩니다. 간단할 뿐만 아니라 맛도 있죠.

> 커피용 드립 서버가 있다면 사용해보자. 없다면 법랑냄비 등의 작은 냄비도 사용할 수 있다.

> 촘촘한 차 거름망을 사용하면 가루 잔여물이 줄어든다.

커피라는 농작물의 시스템, 커피 추출의 메커니즘을 알아보았으니 이제 커피를 내려봅시다.

처음에는 도구조차 필요하지 않습니다. 많은 가정에서 차 거름망을 사용 중일 것입니다. 만약에 없다면 다이소몰에서 파는 차 거름망을 사용하면 됩니다.

커피를 내리는 방법은 다음과 같습니다.

우선 법랑 냄비나 작은 냄비(손잡이가 달린 냄비)를 준비합니다. 커피 드립 서버도 사용하기 편하지만, 굳이 당장 살 필요는 없습니다. 냄비 안에 커피 가루를 넣고 끓인 물을 붓습니다. 커피밀이 없다면 가게에 분쇄를 부탁하거나 가루 상태의 커피를 사 옵니다. 분량은 물 100㎖당 커피 가루 6~8g이 기준이 됩니다.

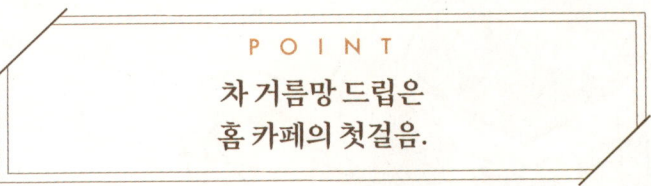

POINT
차 거름망 드립은
홈 카페의 첫걸음.

'물의 온도는?', '조금씩 넣으면 될까?' 등은 걱정하지 않아도 됩니다. 전기 주전자로 물이 끓자마자 부어주면 됩니다.

4분 정도 놔두면 커피의 성분이 물에 충분히 녹아듭니다. 하지만 가루를 거르지 않으면 마시기 불편하니 차 거름망을 사용합니다. 머그컵에 차 거름망을 설치하고 커피 물을 부어서 커피 가루만 걸러 주면 됩니다.

커피의 표면을 봐주십시오. 기름이 살짝 떠 있지만, 이것은 커피에 포함된 커피 오일입니다. 풍미와 향이 이 커피 오일 안에 담겨 있습니다.

특별할 것 없는 방법이지만, 프렌치 프레스(76페이지 참조)와 비슷한 맛의 커피를 손쉽게 즐길 수 있는 추천 방법입니다.

차 거름망은 만능선수라 할 수 있습니다. 이렇게 커피를 방법 외에도 커피 원두를 분쇄했을 때 생기는 100미크론 이하의 미세한 가루인 '미분'을 제거할 때도 사용할 수 있죠.

TIPS FOR GOOD COFFEE

드립백으로 번거로움과 실패가 사라진다

선물로 인기가 좋은 드립백. 품질이 향상되면서 나를 위한 선물로 사는 사람도 적지 않습니다. 번거로움이 들지 않고 실패할 일도 없는 드립백을 활용하면 커피 생활이 더 간편해지겠죠.

엄청 간편하고 손쉽게 사용할 수 있는 드립백은 낱개로 포장되어 있기에 커피의 품질 저하가 적고 맛도 좋다. 처음에는 온도에 신경 쓰지 말고 일단 커피를 내려 보자.

추출이 끝난 물에 드립백을 더 담가도 그 이상은 성분이 추출되지 않는다. 높이가 있는 컵을 사용하면 물과 가루가 충분히 접촉하여 제대로 추출할 수 있다.

특별한 기념일이나 연말 선물로 드립백이 인기입니다. 특별한 기구 없이 컵에 설치하고 끓인 물만 부으면 손쉽게 마실 수 있어 인기가 있죠. 개별 포장이라 사용하기 편리하고 직장 등에서 나눠 주기도 편리하다는 점도 인기 포인트입니다.

역사 깊은 기업이나 제조사뿐만 아니라 최근에는 대기업 카페 체인점 브랜드에서도 세련된 패키지 아이템이 판매되고 있습니다. 다양한 종류가 세트로 구성되어 있으면 평소 마셔보지 않은 원두도 맛볼 수 있어 좋습니다. 그래서 누군가를 위한 선물뿐만 아니라 나를 위한 선물로 사는 커피 애호가도 적지 않습니다. 조금씩 여러 커피를 맛볼 수 있으니 인기가 있습니다.

> **POINT**
> 드립백을 맛보기용으로 가볍게 시도해 보았다면
> 이제 자신에게 맞는 드립백을 찾아보자.

누가 내려도 실패할 일 없는 드립백, 맛의 비결은 다음과 같습니다. 패키지에 적힌 물의 분량은 기본적으로 지켜줘야 합니다.

- 높이가 있는 컵을 사용하고 드립백을 추출 완료된 커피 안에 담그지 말 것
  (추출 완료된 커피에는 그 이상 성분이 추출되지 않기 때문)
- 처음에 끓인 물을 부으면 1분 정도 뜸을 들인 후 본격적으로 추출

드립백 영향으로 간편한 '커피 티백'도 유행될 것으로 예상됩니다. 일반 티백과 같은 방법으로 끓인 물에 담가서 일정 시간 두면 완성되죠. 외출 전에 적절한 양의 물과 함께 텀블러에 커피 티백을 넣어두면 밖에서도 따뜻한 커피를 마실 수 있습니다.

끊고 싶어도 끊을 수 없는 카페인과 잘 지내는 방법

제 아내가 임신한 이후부터 '밤에는 카페인은 섭취하지 않기'로 결심했습니다. 하지만 커피는 마시고 싶었죠. 그래서 '디카페인 커피를 마셔볼까?'라는 생각이 들었습니다.

그전까지는 '커피에서 카페인을 빼면 좋은 게 있을까?'라는 회의적인 생각이 들었지만, 직접 필요한 상황을 겪으니 중요성이나 현 상황을 그제야 깨닫게 되었습니다. 그 후, 20종류 정도의 디카페인 커피를 마셔봤지만, 마음에 드는 커피가 없었습니다. 결국 직접 디카페인 커피를 만들기로 했습니다.

그전까지는 밤 12시든, 새벽 1시든 신경 쓰지 않고 커피를 마셨습니다. 저는 카페인 분해 능력이 매우 뛰어난 편이었고 아내도 마찬가지였습니다.

하지만 실제로 디카페인 커피로 바꿔 마셔보니 그 전보다 아침에 훨씬 상쾌하게 일어날 수 있었습니다. 1주일 이상이 지난 후에야 겨우 깨달았죠. 알람 시계가 울리자마자 곧바로 잠이 깼고 심지어 상쾌하기까지 했습니다! 스마트 워치로 수면의 질을 측정해본 결과에서도 확연한 차이가 드러났습니다.

카페인은 한 번 섭취하면 약 12시간이 지나야 완전히 분해됩니다. 하지만 잠들기 12시간 전에 카페인을 끊는 일은 제 생활 방식상 있을 수 없는 일이었습니다. 지금은 저녁 이후부터는 집에서든 사무실에서든 디카페인 커피로 바꾼 덕분에 문제없이 마실 수 있게 되었죠..

바리스타 이자키가 들려주는 커피 이야기 ②

그리고 아침에는 심신을 깨우는 데 커피만 한 것이 없습니다. 카페인의 영향을 크게 신경 쓰지 않아도 되니 말이죠. 단, 몸 상태가 좋지 않을 때는 하루의 마지막 커피 브레이크 시간을 앞당기거나 평소보다 양을 절반으로 줄이면 좋습니다. 유난히 아침에 일어나기 힘들다면 카페인의 영향을 한 번 의심해보고, 커피의 양과 섭취 시간을 조절하여 몸 상태가 변화하는지 확인해 보십시오.

커피의 효능은 활기를 주는 카페인의 효과뿐만 아니라 다도처럼 정신적인 부분에도 좋은 영향을 줍니다. 커피를 내리는 행위는 다도와 비슷해서, 편안하고 간편한 방법으로 마음을 가다듬기에 좋습니다. 이러한 부분까지 생각하면서 커피를 마시면 좋겠죠. 카페인을 섭취해야만 커피를 즐길 수 있는 것은 아니라는 뜻입니다.

그리고 사회적으로 성공한 사람이나 각계각층의 전문가는 엄격하게 카페인 관리를 합니다. '커피는 오후 4시 이후에는 마시지 않는다'라고 말하는 사람도 있을 정도죠. 카페인이 수면의 질에 영향을 미쳐 직접적으로 능률에 영향을 미친다는 사실을 알고 있는 것입니다.
미국에서도 의식이 높은 MZ 세대들은 디카페인으로 옮겨가기 시작했으며, 이 MZ 세대만으로 전미의 약 30%의 디카페인 커피를 소비하고 있다는 자료도 있습니다.

2교시

집에서 즐기자!
커피를 내리는 기본 방법과 종류

TIPS FOR GOOD COFFEE

커피를 내리는 다양한 방법을 알아보자

같은 커피를 내려도 내리는 방법에 따라 맛과 추출 방식이 달라집니다.
다양한 방법을 시도해보며 자신의 생활 방식과 성격에 맞는 방법을 찾아봅시다.

[페이퍼 드립]

[넬 드립]

[프렌치 프레스]

[우려내기]

[커피메이커]

커피를 내리는 방법 중에 어떤 방법을 알고 계시나요? 일반적으로 원두에 끓인 물을 붓고 한 잔씩 추출하는 '페이퍼 드립'은 아마 익숙하신 분이 많을 것입니다. 종이 필터를 설치하고 끓인 물을 부어 추출을 기다리는 번거로움과 시간은 들지만, 의외로 기다리는 시간이 즐겁습니다. 또 미세한 가루가 걸러지면서 맑고 깨끗한 맛을 즐길 수 있습니다. 커피 찌꺼기를 필터째로 버릴 수 있어 뒷정리도 간편합니다.

페이퍼 드립과 같은 드립 방식으로, 넬이라는 천 소재를 사용하는 '넬 드립'. 찻집에 따라서는 한 번에 많은 양을 추출한 다음, 주문이 들어왔을 때 데워서 제공하는 곳도 있습니다. 커피를 내리는 모습이 그럴싸해서 '넬 드립만의 맛이 있다'라고 말하는 커피 마니아도 있을 정도로 뛰어난 맛이 매력적입니다. 하지만 넬의 필터는 청소나 관리에 수고가 듭니다.

> **POINT**
> 커피를 내리는 방법은 다양하다.
> 자신에게 맞는 방법을 찾아보자.

홍차 전문점에서 찾아볼 수 있는 티 프레스와 비슷한 기구가 '프렌치 프레스'입니다. 용기에 가루를 넣고 끓인 물을 부어 잠시 둔 후, 물에 성분이 녹아들기를 기다립니다. 그 후, 금속 필터를 눌러서 추출액을 컵에 따르면 완성됩니다. 분량만 지키면 누구든 쉽게 커피를 내릴 수 있어서 그 편리함이 알려진다면 가정에서 보편적으로 사용하게 될 것으로 예상됩니다.

그리고 '우려내기'가 있습니다. 보리차 우려내기와 같은 방식으로 물에 담가서 추출하는 방법입니다. 시간은 걸리지만 번거로움이 없습니다. 또 간단한 방법으로는 커피메이커가 있습니다.

이처럼 내리는 방법에 따라 맛과 추출 방법도 달라집니다. 자신의 생활 방식과 성격에 맞는 방법을 찾아보십시오.

TIPS FOR GOOD COFFEE

역사를 알면 커피를 내리는 행위가 더 즐거워진다
커피의 역사와 낭만적인 도구의 이야기

 동인도회사의 무역을 통해 유럽으로

커피 원산지에서는 오래전부터 커피를 열매 그대로 섭취해서 활기 충전을 목적으로 **약용**해 왔었습니다. 그러다가 일반 시민이 커피를 음료로 사용하게 된 것은 15세기 전후였습니다.

1554년, 터키 콘스탄티노플에 세계 최초의 커피 하우스가 탄생했습니다. 커피는 동인도회사의 무역을 통해 유럽으로 전해졌습니다. 런던, 베네치아, 파리 등의 도시에도 **커피 하우스**나 카페 등이 탄생하며 차를 즐기거나 사업과 사교의 장으로 사랑을 받았습니다.

머지않아 커피는 미국 대륙에 전해졌고 중남미에서도 재배와 생산이 시작되었습니다.

약용	커피에 관한 세계 최초의 문헌은 10세기 전후, 이슬람 세계의 의학자가 쓴 《의학집성》이다. '커피의 씨앗을 끓인 물은 위에 좋고 각성, 이뇨 작용이 있다'라고 기록되어 있다.
커피 하우스	런던에는 17세기에 생겨났으며, 아침 식사가 가능한 커피 가게로 사교와 정보 교환의 장으로도 통했다.

처음에는 물과 가루를 끓이는 터키식이었다

커피는 향과 세련된 분위기로 많은 이들을 사로잡으며 세계 각지에서 다양한 추출 방법이 생겨났습니다.

예를 들면 커피가 전해진 초기의 유럽에서는 원두를 볶아서 분쇄한 가루를 물과 함께 기구에 넣어 끓이는 방식이었습니다. 하지만 커피 하우스 등에서는 많은 양을 만들다보니 향이 날아간다는 문제를 겪고 있었습니다. 그래서 고안한 방법이 커피 가루를 물에 담가서 추출하는 '침지식'입니다. 지금의 프렌치 프레스의 기원이 되었다고 할 수 있는 방법이죠.

그 후, 가루를 천 주머니에 넣어서 걸러내는 방법이 생겨났고, 프랑스에서 유행하기도 했습니다. 나중에 양철 장인이 천 거름 주머니가 달린 커피 포트를 고안해냈고 그의 이름을 따 '돈 마틴 커피'라고 불렸습니다.

끓이는 방식 유럽에 커피가 전해진 초기에는 이브릭(제즈베)이라고 불리는 터키식의 추출 방법이었다.

장소가 바뀌면 커피도 바뀐다

또 현지의 풍습이나 식습관에 맞게 마시는 방법이 다양하게 변화되고 변형된다는 점도 흥미롭습니다. 커피와 같은 양의 우유를 넣는 **카페오레**(프랑스), 곱게 간 원두를 고온, 고압의 물로 추출하는 에스프레소(이탈리아) 등입니다.

에스프레소가 농후한 맛을 낸다는 특징을 이용하여 설탕이나 우유를 더해 카페라테나 **카푸치노**를 만들어 마시는 문화도 생겨났습니다.

커피의 역사가 그 정도로 오래되지 않은 아시아 국가에서는 연유나 요거트를 넣는 등 자유로운 발상을 통해 만들어진 커피가 많아졌습니다.

방식은 다양하지만, 메커니즘은 2가지

앞서 소개해드렸듯이 다양한 추출 방법과 기구가 있지만, 추출의 메커니즘에 따라 다음과 같이 크게 2종류로 나뉩니다.

• 침지식 : 가루를 물에 담가서 추출하는 방식. 필터 등으로 여과를 하지 않으며, 프렌치 프레스 등이 이 방법에 속합니다.

카페오레　따뜻한 우유에 커피를 넣은 음료.
카푸치노　에스프레소에 스팀으로 데워서 거품이 생긴 우유(폼드 밀크)를 넣은 음료.

프렌치 프레스는 프랑스에서 고안되어 유행되었다고 여겨지는 포트형 기구로서, 포트에 커피 가루와 물을 넣고 플런저라는 금속 필터로 가루를 압축하여 추출액만 따라내는 구조입니다.

홍차를 내리는 기구와 혼동하는 경우가 많지만, 원래는 커피를 위한 아이템입니다.

• 투과식 : 물이 가루 층을 계속 통과하면서 액체를 여과하여 추출하는 방법. 페이퍼 드립, 넬 드립, 에스프레소 등이 이 방법에 속합니다.

예전에는 페이퍼 드립이 주류였으며, 넬 드립이나 **사이펀**을 채용하는 커피 전문점도 생겨났습니다. 셀프 형식의 카페가 유행하고 난 후부터는 에스프레소도 널리 퍼졌습니다.

또 침지법과 투과법을 조합한 하이브리드형 추출 방법도 있습니다. **에어로프레스**나 클레버 드리퍼가 대표적인 추출 기구죠. 커피 추출의 세계는 나날이 진화하고 있습니다.

커피 추출만을 위해 고안된 도구는 지혜와 여유로움의 결정체와 같습니다. 모으고 사용해보면서 특별한 즐거움을 느낄 수 있습니다.

사이펀　위아래 2단으로 나누어진 유리 용기를 사용하는 방법. 스팀의 압력으로 우유를 위아래로 이동시키면서 추출한다. 외관이 독특해서 인테리어 연출에도 효과가 있다.

에어로프레스　큰 주사기처럼 생긴 기구를 사용한다. 가루와 물을 확실히 섞어준 후, 공기압으로 압축하여 추출한다.

TIPS FOR GOOD COFFEE

기본 페이퍼 드립

필터와 가루를 넣고 끓인 물을 넣어 추출을 기다립니다. 이러한 일련의 동작은 마치 다도와 같은 격식미를 떠오르게 합니다. 커피를 내릴 때부터 좋은 향이 퍼져 힐링 효과에도 뛰어납니다.

> 가루와 물의 정도를 조절할 수 있어 취향에 맞는 맛을 추구할 수 있는 즐거움이 있다.

오른쪽 페이지 ❻의 물을 떨어트리는 방법이 중요하다. 우선 가루의 중심에서 시작해서 원을 그리듯이 천천히 바깥으로 가루 전체에 골고루 퍼질 수 있도록 물을 붓는다. 가루가 필터 측면에 달라붙는다면 물속으로 되돌릴 수 있도록 필터를 흔들어주면 좋다.

차거름망이나 드립백으로 커피를 잘 내릴 수 있게 되었다면 다음 단계로 넘어가 봅시다. 이번에는 페이퍼 드립을 시도해보면 어떨까요?

드리퍼의 재질에는 플라스틱, 자기나 금속 유리 등이 있습니다. 예산에 맞게 취향대로 선택하면 됩니다. 드리퍼는 구멍의 개수, 크기, 홈 등에 따라 다양한 종류가 있습니다. 구조가 다른 만큼 커피의 맛도 달라집니다.

기본적으로는 다음과 같이 파악해두면 좋습니다.

- 사다리꼴형은 진한 맛
- 원뿔형은 깔끔한 맛
- 웨이브형은 안정적인 맛

몇 가지 드리퍼를 사용해보며 '구멍이 하나만 있으면 물 빠짐이 느려서 진한 맛을 낼 수 있네!'라는 등의 경험을 통해 익히면서 맛의 취향을 찾아내는 즐거움도 느낄 수 있습니다. 가루를 거르는 필터는 드리퍼와 같은 제조사의 정품을 사용하기를 추천합니다.

> **POINT**
> 초보자라도 괜찮다!
> 원두와 물의 정확한 계량이 중요.

추출 방법은 다음과 같습니다.

① 물을 끓인다(기준은 92℃)
② 원두를 계량한다(100㎖당 6~8g이 기준)
③ 원두를 간다(가루 커피라면 다음 단계로 이동)
④ 드리퍼에 필터를 설치한다
⑤ 드리퍼에 끓인 물을 부어 데운다
⑥ 가루를 넣고 끓인 물을 붓는다

처음이라도 원두와 물을 정확히 계량하면 실패할 일이 없습니다. 비결은 ⑥에서 물을 세 번에 걸쳐 붓는 것입니다. 첫 번째에는 물의 20%를 부어 원두를 뜸들이고, 두 번째에 20%, 세 번째에 나머지 60%를 부으면 맛있는 커피가 완성됩니다.

TIPS FOR GOOD COFFEE

취향을 잘 타는 넬 드립

예전의 찻집들은 커피를 내리는 비결이 있을 뿐만 아니라 독특한 도구도 사용했습니다. 그 독특한 도구가 바로 넬입니다. 넬 드립에서만 느낄 수 있는 특유의 맛이 있으니 커피 내리는 취미에 흠뻑 빠졌다면 넬 드립을 추천합니다.

페이퍼 드립은 가루 상층부만 부풀어 오르지만, 넬은 주머니 전체가 부풀어 오른다. 천천히 똑똑 떨어지는 커피의 모습을 보며 힐링 시간을 보내 보자.

커피 가루를 거르는 데 사용하는 소재를 종이(페이퍼)에서 천으로 바꾸면 넬 드립이 됩니다. 필터용 천은 '플란넬(넬)'이라고 불리는 소재가 일반적이죠. 종이는 섬유가 치밀하여 아무리 커피 가루가 미세하더라도 필터를 통과하지 못하지만, 넬은 조직이 거칠어서 종이 필터에서는 걸러지는 다양한 성분까지 함께 추출됩니다. 그 성분 안에는 커피에 포함되어 있는 오일 등이 있으며, 완성된 커피를 입에 머금으면 걸쭉함과 부드러움을 느낄 수 있습니다.

> **POINT**
> 기분만은 찻집 주인.
> 커피를 내리는 모습은 보기만 해도 즐겁다.

'가루를 넣고 물을 떨어트린다'라는 기본 방식은 페이퍼 드립과 같지만, '커피 가루 전체가 부풀어 오른다', '내부에서 대류가 쉽게 일어난다'라는 특징이 있습니다. 따라서 물을 붓는 양과 속도, 넬을 움직이는 방식 등을 하나하나 판단하고 어떻게 조절하느냐에 따라 완성된 커피 맛이 달라집니다.

또 종이 필터는 일회용이지만, 넬은 재사용 가능하다는 특징이 있습니다.

단, 세제를 사용하면 맛에 영향을 미치므로 사용할 때마다 물로 세정해야만 합니다. 또 처음 사용한 이후부터는 항상 물에 담가서 냉장 보관도 해야 해서 취급과 관리에 신경을 써야 합니다.

같은 드립이라도 페이퍼 드립보다 많이 번거롭지만, 그 번거로움에 충분히 상응하는 맛있는 커피를 마실 수 있다는 점이 매력이죠. 커피 전문점처럼 중후한 맛을 집에서 즐길 수 있으니 관심이 있다면 시도해보시기 바랍니다.

초보자를 위한 프렌치 프레스

분량만 잘 지키면 실패할 일이 없을 정도로 간단한 프렌치 프레스. 고상한 외관을 갖추고 있어서 주방에서도 독특한 존재감을 뽐냅니다.

> 전기 주전자로 끓인 물을 부어도 문제없다. 커피에 포함된 커피 오일도 확실히 물에 녹아서 커피의 성분을 그대로 즐길 수 있다.

프렌치 프레스는 그 이름대로 프랑스에서 생겨났다고 알려진 커피 추출 방식입니다. '플런저 포트', '커피 프레스', '카페 프레스' 등으로도 불리죠. 미국이나 유럽에서는 이 프렌치 프레스를 사용하여 커피를 내리는 가정도 적지 않다고 합니다.

본체는 원기둥 모양으로 유리 재질로 이루어져 있습니다. 용기 안에는 커피 가루를 눌러서 압축하는 판 형상의 금속 필터 '플런저'가 설치되어 있습니다.

겉보기에는 커피 포트처럼 생겼으며, 홍차 전문점 등에서 홍차 도구로도 사용되고 있습니다(엄밀히 따지면 프렌치 프레스와 홍차 프레스는 다르지만, 겸용할 수 있습니다).

POINT
세세한 부분까지 신경 쓰지 않아도
분량만 지키면 실패할 일이 없다.

커피 추출 방법은 간단합니다. 커피 가루를 넣고 그 안에 끓인 물을 부은 후, 몇 분이 지나면 플런저(금속 필터)를 살짝 누르기만 하면 됩니다. 기구에는 주입구도 달려 있어서 그대로 컵에 따를 수도 있죠. 제대로 계량만 하면 연습도 기술도 필요하지 않습니다.

제가 추천해 드리는 레시피는 커피 가루를 곱게 갈아서 끓인 물 100㎖에 라이트 로스팅 8g, 프렌치 로스팅은 6g을 넣는 등 로스팅 정도에 따라 분량을 바꿔 보는 방식입니다.

절차가 명확해서 사람마다 느끼는 맛의 차이가 적다는 장점 때문에 프렌치 프레스를 사용하는 카페도 있습니다.

쉽게 만들 수 있는데 비해 원두의 성분이 충분히 잘 녹아드는 편이라 맛이 진합니다. 이때 미세한 가루도 나올 수 있으니 마시기 전에 차 거름망으로 걸러내면 더 맛있게 마실 수 있습니다.

TIPS FOR GOOD COFFEE

농후하고 진한 에스프레소

카페에서 바쁘게 일하는 바리스타가 사용하는 기계는 에스프레소 머신입니다.
압력을 가해서 커피를 추출하는 기계죠.
단순한 기계가 아니라서 제대로 사용하려면 훈련이 필요합니다.

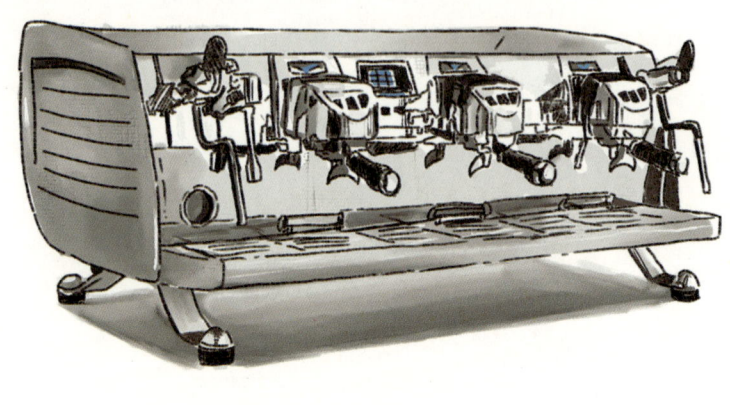

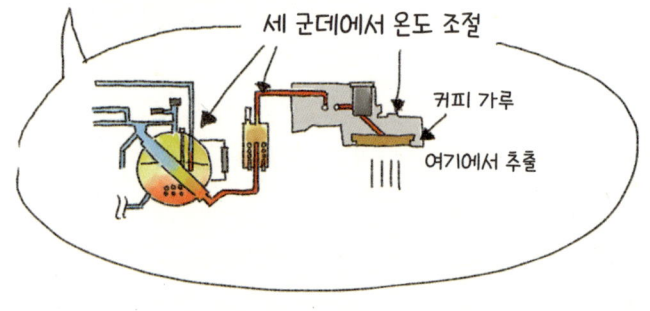

세 군데에서 온도 조절
커피 가루
여기에서 추출

카페에서 존재감을 뽐내는 은색의 멋진 기계의 정체가 바로 이것. 이 모델은 월드 바리스타 챔피언십 공식 머신(이탈리아 시모넬리).

커피 가루에 높은 압력의 물을 통과시켜 압축하여 추출되어 나오는 것이 바로 에스프레소입니다. 약 100년 전, 이탈리아에서 생겨났다고 알려져 있죠. 스타벅스 등의 카페가 유행되면서 국내에도 널리 알려지기 시작했습니다.

에스프레소는 카페에서 바리스타라고 불리는 직원이 전용 에스프레소 머신으로 만듭니다. 머신으로 만든다고 해서 모든 부분을 기계에 맡길 수 있는 것이 아니라 장인의 기술이 필요합니다. 원하는 맛을 내기 위해 적절한 원두를 고르고 로스팅 정도나 분쇄 정도, 어느 기구를 어떻게 사용할지 등, 판단과 기술이 요구되죠. 바리스타가 다양한 커피를 내리는데 그중에서 에스프레소가 가장 어려운 추출 방법이라 할 수 있습니다.

> **POINT**
> 바리스타의 장인 기술이 빛나는
> 한 잔의 에스프레소.

에스프레소는 보통 드립 커피의 8~10배의 농도로, 쓴맛이나 신맛 등 복잡한 맛이 농축되어 있습니다.

그래서 이 에스프레소에 거품을 낸 우유(폼드 밀크)를 넣어 카푸치노를 만들거나, 표면에 그림을 그리는 '라테 아트' 등 재치가 넘치는 재미있는 어레인지 음료도 생겨났습니다.

이탈리아 가정에서는 직화 방식의 '마키네타(모카 포트)'라는 기구를 일반적으로 사용합니다. 마키네타는 국내에서도 몇 만 원 정도면 살 수 있고 직화로 커피를 내리는 방식도 의외로 재미있으니 사용해볼 가치가 있습니다. 그밖에 불도, 전기도 사용하지 않는 수동식 에스프레소 머신도 있습니다.

또 가정용 전동식 머신도 다양하며, 폼드 밀크도 만들 수 있는 모델도 시판되고 있습니다.

TIPS FOR
GOOD
COFFEE

본연의 맛을 해치지 않고 향을 낼 수 있는 우려내기

보리차는 주전자에 직접 보리를 넣어 끓이는 방식에서 보리가 든 티백을 물에 넣어 우려내는 방식으로 주류가 바뀌었듯이 커피도 우려내는 방식으로 손쉽게 커피를 내릴 수 있습니다. 방법은 간단합니다. 물에 커피 가루를 넣은 티백만 담가 두면 되죠. 색이 보기 좋게 우러나왔을 때 마시면 됩니다.

가루와 물의 비율, 추출 시간 등을 조절하여 취향에 맞는 맛을 만들 수 있으니 즐기면서 취향의 맛을 찾아보자.

커피는 물을 끓이지 않아도 만들 수 있습니다. 보리차도 예전에는 주전자로 직접 끓이는 방식이 주류였지만, 최근에는 손쉽게 우려내는 방식이 인기를 끌고 있습니다. 이와 완전히 똑같은 방식으로 물을 넣은 물통에 커피 가루를 넣은 티백을 넣어 하룻밤 정도 두기만 하면 커피 추출이 끝납니다. 물을 끓이지 않아도 돼서 더운 여름에도 땀 흘릴 일 없이 커피를 내릴 수 있죠.

분량은 물 100㎖당 커피 가루 8~10g을 추천합니다. 커피 가루는 조금 고운 입자를 쓰면 효율적으로 추출되며 맛이 깔끔해집니다. 커피 가루는 시판 육수 팩에 넣어서 티백처럼 사용하면 처리하기 편리해집니다.

> **POINT**
> 물에 가루만 넣으면 끝!
> 시간이 지나면 저절로 맛있어진다.

'우려내는 방식의 커피는 상온에서 추출해서 맛이 연하다'라는 등의 의견도 있지만, 그런 단점을 뛰어넘는 장점과 매력도 많습니다. 가장 큰 장점은 고온으로 추출하지 않기 때문에 고온 추출 시에 쉽게 발생하는 잡다한 맛의 변화가 쉽게 생기지 않아 깔끔한 맛이 난다는 점입니다. 무엇보다도 간편해서 선호하시는 분들도 적지 않죠.

최근의 흥미로운 트렌드로는 물 대신에 우유를 넣어 우려내는 '밀크 브루'가 있습니다. 이 밀크 브루는 커피 가루를 우유에 담가 두어 추출하는 방식입니다. 평소 커피에 우유를 넣은 것과 밀크 브루 커피를 비교해서 마셔보는 것도 좋겠죠.

이처럼 물에 우려내는 커피는 '더치커피'라고 부르기도 합니다. 제2차 세계대전 전에 네덜란드의 식민지였던 인도네시아에서 커피 재배가 시작되었지만, 네덜란드인의 입에 맞지 않아 물로 추출하는 방법이 고안되었다고 알려져 있습니다.

TIPS FOR GOOD COFFEE

번거로움 제로! 커피메이커

커피 가루와 물을 넣고 스위치만 켜면 추출이 완료됩니다. 귀찮거나 번거로움도 없으니 자신을 위해 커피를 내려 보시기 바랍니다. 최근에는 고성능 커피메이커도 많이 나와 있습니다.

필터

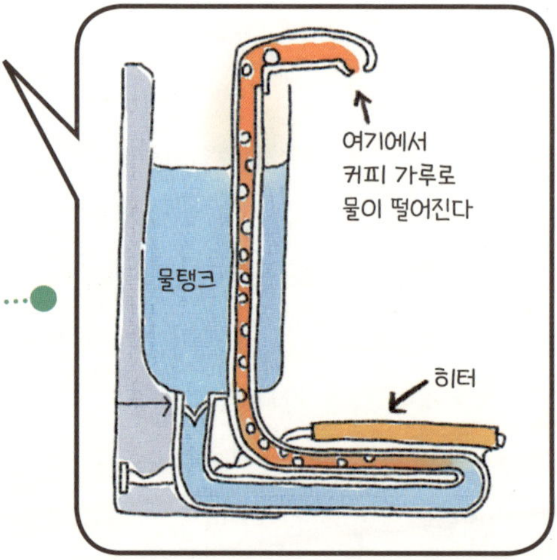

여기에서 커피 가루로 물이 떨어진다

물탱크

히터

사무실에서 많이 사용되지만, 의외로 어떤 시스템인지 모르는 사람이 많다. 내부는 간단하고 합리적인 구조로 이루어져 있다. 바쁜 아침에는 커피메이커에 맛있는 커피를 맡겨보자.

커피 원두를 사 와서 물과 함께 커피 머신에 넣으면 원두 분쇄부터 추출까지 버튼 하나로 해결해주는 '커피메이커'. 사무실이나 패밀리 레스토랑의 음료 코너에서 사용해본 사람이 적지 않을 것입니다.

'전자동이니까 맛도 그저 그런 거 아냐?'라고 생각할 수 있는데 이제 그런 시대는 지났습니다!

어느 편의점에서는 고성능 커피 머신을 설치하여 '그 편의점 커피가 맛있어'라는 소문이 퍼지면서 캔 커피를 뛰어넘는 인기 상품이 되었을 정도죠.

최근에는 가정용 커피 머신도 제조사의 노력으로 고성능의 상품을 적절한 가격으로 살 수 있게 되었습니다. 커피 입문자는 페이퍼 드립을 시도해보기 전에 커피 메이커부터 시작해보는 것도 좋습니다. 특히 바쁜 아침에는 도움이 되겠죠.

> **POINT**
> 분쇄기가 없는 타입을 선택하고
> 커피 가루를 넣자.

커피를 맛있게 내리는 비결은 단 하나. '커피를 직접 분쇄기로 가는 것'입니다.

커피 원두를 넣으면 내장된 분쇄기로 가루를 낸 다음 추출해주는 머신도 있지만, 그다지 추천하지는 않습니다. 왜냐하면 아무리 고성능 커피 머신이라도 분쇄기까지 고성능으로 만들면 가격이 한없이 비싸질 수밖에 없기 때문입니다. 커피는 가루로 사 오거나 원두를 사 와서 커피 머신에 넣기 전에 직접 분쇄기로 갈아주면 맛있는 커피를 내릴 수 있습니다.

따라서 커피 머신은 '분쇄기가 없는 것'을 조건으로 해서 선택하시기를 권해드립니다. 처음에는 그 이외 부분은 크게 신경 쓰지 않고 선택해도 괜찮으니 매일 사용하고 싶어지는 디자인을 선택해보는 것은 어떨까요?

편의점 커피가 맛있는 이유

편의점 커피는 우리의 생활 속에 완전히 침투되어 있습니다.

커피는 일상 음료이기 때문에 사람들은 일부러 멀리까지 사러 가지 않습니다. 커피를 사러 간다면 가까운 곳을 이용하겠죠. 그런 점에서 어디에서든 찾아볼 수 있는 편의점은 최고의 커피숍일 수밖에 없습니다.

국내에는 편의점이 약 5만 점포나 있다고 알려져 있습니다. 최근에는 편의점에 가면 전국 어디에서든 똑같은 품질의 커피를 마실 수 있습니다.

그리고 편의점 회사들이 커피 맛에 힘을 쏟고 있어 어떤 편의점이든 커피가 아주 맛있죠. 비결을 살짝 말하자면 고객들이 커피를 사러 온 김에 다른 상품도 둘러보다가 구매까지 이어지기 때문에 원가가 높아지더라도 고품질의 원두를 사용할 수 있다고 합니다. 독자적인 진화를 이룬 고성능 전자동 커피 머신이 제작된 것도 한몫했습니다.

그런데 편의점 커피에 에스프레소식과 드립식이 혼재되어 있다는 사실을 아는 사람은 많지 않습니다.

어느 편의점에서는 에스프레소 머신을 사용합니다. 에스프레소를 추출한 후 물로 희석해서 보통의 드립 커피처럼 만듭니다. 정확하게는 에스프레소에 물을 탄 '아메리카노'가 됩니다. 입에 머금었을 때 커피의 입자를 느끼거나 컵 바닥에 커피 가루가 살짝 남아 있다면 그것은 분명 에스프레소 머신입니다.

바리스타 이자키가 들려주는 커피 이야기 ③

또 어떤 편의점에서는 고성능의 드립 머신을 사용합니다. 그 이유를 자세히 조사해본 결과, '이제 커피 시장은 드립 커피'라고 확신했기 때문입니다. 그 후, 고객이 선호하는 맛을 추구하여 미세한 가루가 잘 나오지 않는 드립 커피 머신이 탄생했습니다.

에스프레소식의 커피는 농후하고 깊이가 있고 드립식은 깔끔한 맛이 훌륭하니 비교해서 마셔보며 즐겨 보시기 바랍니다.
제가 참여했던 햄버거 체인점에서도 커피 리뉴얼이 크게 화제가 되었습니다. 대단하다고 느낀 점은 카페라테에는 에스프레소 머신, 드립 커피에는 드립 머신으로 구분해서 사용하는 방식을 채용했다는 점입니다. 덕분에 카페 수준의 본격적인 커피를 즐길 수 있죠.

최근에는 편의점 커피의 인기를 참고하여 의류 브랜드 매장 안에 카페 공간을 마련해둔 곳도 생겨났다고 합니다. 이 또한 일상 음료인 커피를 의식해서 많은 고객이 몇 번이고 찾아올 수 있도록 하기 위한 방법입니다. 메르세데스 벤츠도 카페를 오픈하여 주목을 끌고 있습니다.
앞으로 또 어떤 의외의 가게에 카페 공간이 생길지 궁금해집니다.

3교시

커피를 내리는 방법과 함께!
커피 도구를 알아보자

TIPS FOR GOOD COFFEE

온수를 통과시키는 '투과식', 담그는 '침지식'

페이퍼 드립, 프렌치 프레스 등 다양한 커피 추출 방법이 있는데 여기서 '커피 가루와 물을 어떻게 섞는지'가 중요합니다. 커피 추출 방법은 크게 '투과식'과 '침지식' 두 가지로 나뉩니다.

프렌치 프레스를 대표하는 '침지식'은 이런 구조다. 증기압을 이용하는 사이펀도 침지식.

페이퍼 드립을 대표하는 '투과식'. 에스프레소나 넬 드립도 투과식.

커피 지식을 알면 알수록 다양한 도구를 갖고 싶어지지 않나요? 이번 장에서는 커피 도구를 소개하기에 앞서 커피 추출 방법을 복습해보고자 합니다. 커피 기구, 도구는 다양하게 있지만, 어느 커피 추출 방법이든 '투과식'과 '침지식'이라는 두 가지 방식으로 분류됩니다.

커피를 내리는 행위는 결국 원두의 성분을 물에 녹이는 것입니다. 중요한 점은 '물과 가루를 어떻게 섞는가'입니다.

물이 커피 가루 층을 계속해서 통과하면서 추출하는 방법을 '투과식', 커피 가루와 물을 한 번에 섞어서 추출하는 방법을 '침지식'이라고 합니다.

> **POINT**
> 커피 가루와 물을 잘 섞는 것이 중요.
> 커피 추출 방법과 맛의 취향에 따라 구분해서 사용하자.

'투과식'에서는 커피 가루로 층을 만들고 거기에 물 자체의 무게와 압력이 가해지면서 물에 추출물이 녹아듭니다. 투과식은 계속해서 새로운 물이 커피 가루를 통과하므로 물을 통과하는 속도를 조절하여 농도도 조절할 수 있습니다. 성분을 추출하는 힘이 비교적 강해서 커피 가루는 조금 거친 입자~조금 고운 입자를 추천해 드립니다.

'침지식'은 가루에 끓인 물을 직접 섞는 방법입니다. 침지식은 추출 초반에 높은 농도에 도달하지만, 추출된 커피에 추출 성분이 포화 상태가 되어 그 이상은 쉽게 추출되지 않습니다. 따라서 물과 효율적으로 접촉될 수 있도록 가루는 표면적이 큰 고운 입자를 추천해 드립니다.

추출된 커피를 비교해보면 침지식은 액체에 미세한 가루가 섞여 있고, 침지식에서는 가루가 섞이지 않는다는 특징이 있습니다.

커피 추출 방법과 맛의 취향에 맞게 선택해 보십시오.

TIPS FOR GOOD COFFEE

알면 알수록 심도 있는 추출 메커니즘
투과식, 침지식을 더 깊게 파보자

 세계의 커피 마니아가 다양한 커피 추출 방법을 고안

예전부터 커피를 사랑했던 커피 마니아들이 연구를 거듭한 결과, 현재 다양한 커피 추출 방법과 방식이 생겨났습니다.

앞서 커피 가루와 물이 어떻게 접촉되는지에 따라 침지식과 투과식의 2종류로 나뉜다고 간단히 설명해 드렸죠(88페이지).

각각의 특징을 더 자세히 살펴보도록 하겠습니다.

그전에 로스팅에 대해 복습해봅시다. 커피를 마시려면 커피의 성분을 물에 녹여야만 합니다. 하지만 원두째로 물에 담가도 원두의 내부까지 수분이 침투되지 않죠. 따라서 원두를 분쇄하여 작은 입자(가루)로 만들어서 성분이 물에 효율적으로 이동(추출)시켜야만 합니다.

원두 분쇄   분쇄기, 커피밀, 그라인더 등으로 불리는 기구를 사용하여 원두를 가루로 만든다.

추출   시약 등을 사용해서 고체 또는 액체 안에서 특정 물질만 뽑아내는 작업. 커피에서는 커피 원두에서 물로 성분을 이동시키는 것을 의미한다.

과실주를 담그듯이 확실히 담그는 '침지식'

'침지'는 평소에 들을 일 없는 익숙하지 않은 단어죠. 요리 용어로는 밥을 짓기 전에 쌀을 물에 불리는 경우, 과실주를 만들 때 기본 재료인 증류주에 과실을 담가 진액을 추출하는 경우에 사용하기도 합니다.

커피에서는 커피 가루를 물에 담가서 잠시 두는 방법을 침지식이라고 합니다.

구체적으로는 프렌치 프레스 등이 침지식에 해당하며, 커피 원두에 포함된 성분이 제대로 물에 녹으면 해당 성분에서 나오는 향과 맛 등을 많이 느낄 수 있는 커피가 완성됩니다.

프렌치 프레스는 액체 속 미세한 가루를 차 거름망 등으로 제거할 수 없어 추출 후에는 잠시 방치해 두어야 합니다.

그 후에 플런저(금속 필터)를 조심스럽게 액체 표면에 설치해서 가루가 컵 안에 들어가지 않도록 살살 따라줍니다. 이렇게 하면 미세한 가루를 신경 쓰지 않고 커피를 마실 수 있습니다.

물이 통과할 때 성분이 녹아내리는 '투과식'

이어서 '투과'는 일반적으로 '어떤 것의 내부를 거쳐서 지나간다'라는 의미로 쓰이죠. 커피에서는 커피 가루에 부은 물이 물 자체 무게 때문에 가라앉으며 가루의 층을 빠져나가면서 성분을 녹이고 여과되어 아래로 떨어지는 시스템을 투과식이라고 합니다.

침지식만큼 시간이 걸리지 않으며 커피 오일과 미세한 가루가 필터와 커피 가루 층에 걸러지는 특징이 있죠. 그 결과, 깔끔하고 깨끗한 맛이 완성됩니다.

똑똑 연이어 떨어지는 물방울(드립) 때문에 드립 커피라고 불리기도 합니다.

재치뿐만 아니라 장점만 쏙쏙 모아놓은 추출 방법

침지식과 투과식에도 장점과 단점이 있습니다. 하지만 장점만 조합한 추출 방법도 등장하고 있습니다.

2000년대에 돌입하면서 개발된 새로운 방법이 '에어로프레스'입니다. 큰 주사기처럼 생긴 기구 안에 가루와 물을 넣고 확실히 섞어준 후, 공기압으로 커피 추출액을 밀어냅니다.

커피 오일 원두의 표면에 둥둥 떠다니는 무언가가 있다. 그것은 원두에 포함된 기름 때문. 그 성분은 유지의 일종인 트라이글리세라이드 등으로 이루어져 있다.

그 독특한 외관과 디자인은 커피 전문 제조사가 아니라 타 업계인 프리스비(원반) 제조사에서 만들었습니다. 어떻게 보면 장난감 같은 디자인이지만, 성분을 확실히 추출할 수 있어 농후하고 깊이 있는 커피를 단시간에 만들어 낼 수 있죠.

그 외에도 '침지식 드리퍼'라는 도구도 등장했습니다. 침지식 드리퍼는 아래쪽에 밸브가 있어 물을 드리퍼 내에 한 번에 채워서 커피 가루를 섞을 수 있습니다. 종이 필터를 설치하기 때문에 미세한 가루가 걸러져서 농후하면서도 가루 없이 깔끔하게 커피를 내릴 수 있죠. 컵 위에 두면 밸브가 열려 추출액이 떨어지는 아이템도 있습니다.

TIPS FOR GOOD COFFEE

페이퍼 드립을 마스터해보자

방법도 간단하고 몇 번을 시도해봐도 신선한 발견과 놀라움이 있어 질리지 않는 페이퍼 드립. 도구도 다양하고 풍부하며 가격도 비교적 저렴해서 수집하는 즐거움도 느낄 수 있죠.

주전자는 법랑이나 스테인리스 등 재질도 디자인도 다양하다. 컬러 종류도 풍부해서 인테리어에 맞게 선택하기에도 좋다.

[일체형 전기 주전자]

[법랑 주전자]

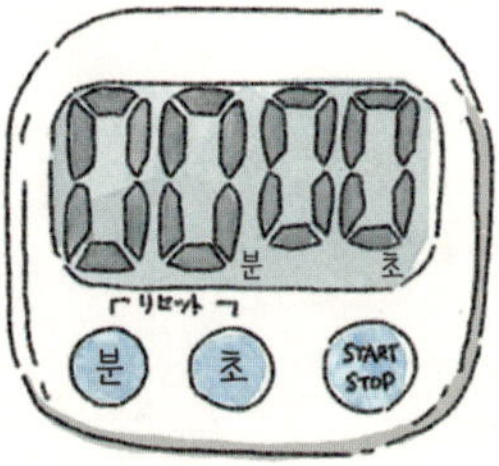

[주방용 타이머]

하나만 있어도 어디에든 편리하게 사용할 수 있는 주방용 타이머. 시간 관리가 필요할 때는 타이머를 설정하는 습관을 들여보자.

이쯤 되면 커피 지식이 상당히 쌓여서 커피의 매력을 체감하며 즐길 수 있는 시기가 되었을 것입니다. 이제는 페이퍼 드립으로 더 맛있게 커피를 내리기에 편리한 도구를 소개해보고자 합니다.

드리퍼와 종이 필터를 사용해서 커피를 내리는 페이퍼 드립. 도구, 원두, 물의 온도, 가루의 입자 크기(분쇄 정도), 로스팅 정도 등 하나하나의 요소가 복잡하게 서로 얽혀 있어 맛을 결정하는 정교한 준비조차 매력적입니다. 원하는 맛으로 커피를 내리거나 안정적으로 좋아하는 맛을 내려면 연습이 필요하죠.

POINT
**필요할 때마다 도구를
하나씩 사 모으기를 즐겨보자.**

홈 카페 커피를 능숙하게 내리기 위해 종종 카페 등을 방문하여 전문가의 핸드 드립을 살펴보시기를 추천해 드립니다. 그들 또는 그녀들이 사용하는 드립용 주전자를 보면 굉장히 멋지죠. 또 가느다란 주입구에서 마치 실이나 링거처럼 물을 정교하게 따라내는 모습도 그럴싸합니다. 커피 드립용 주전자는 법랑 재질처럼 매력적인 디자인의 제품이 다수 시판되고 있습니다.

집에서 커피를 내리려면 전기 주전자면 충분하지만, 드립 전용 주전자가 있으면 물을 따르는 방법을 쉽게 조절할 수 있습니다. 물의 굵기, 양, 떨어트리는 위치를 조절하고, 그 결과 어떤 맛이 되는지 확인하면서 취향에 맞는 맛을 찾아가는 것도 즐거운 작업입니다.

또 드립용 주전자의 주입구를 갖춘 '일체형 전기 주전자'도 있습니다.

마지막으로 타이머. 현재 스마트폰 애플리케이션을 사용하고 있다면 타이머로 바꿔서 편리하게 사용해 보십시오. 글자가 크고 시간이 한눈에 들어오는 디지털 방식이 사용하기 편리합니다.

페이퍼 드립 도구의 이모저모

전문점이나 인터넷 쇼핑몰에는 다채로운 재질과 크기의 드리퍼가 시판되고 있습니다. 자세히 살펴보면 구멍의 개수나 디자인도 조금씩 다르니 몇 가지 종류를 사서 비교하며 사용해보기에도 좋습니다.

[구멍의 개수]

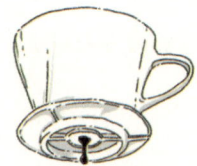

물이 느리게 떨어지므로 물과 커피 가루가 접촉하는 시간이 길어진다. 그 결과 진한 맛을 쉽게 낼 수 있다.

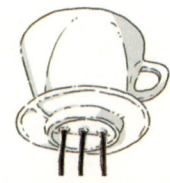

물이 빠르게 떨어지므로 물과 커피 가루가 접촉하는 시간이 짧아진다. 그 결과 연한 맛을 쉽게 낼 수 있다.

[재질]

무게가 있는 편이지만, 도구로서는 매력적이다. 깨질 수 있으니 취급에 주의하자. 플라스틱보다 보온성이 뛰어나다.

가볍고 다루기 편하다. 쉽게 데워지지 않지만 쉽게 식지도 않아서 온도를 관리하기 편하다. 비교적 가격이 저렴해서 수집하기에도 좋다.

[모양]

물이 빠르게 빠져서 깔끔한 맛을 만들기에 적합하다. 원뿔형 드리퍼는 전 세계 바리스타들이 애호하는 드리퍼다.

물을 따르면 커피 가루 전체에 잘 퍼진다. 따라서 진하고 깊이 있는 맛을 낼 수 있다.

안쪽에 홈이 있는 개성 있는 디자인. 물과 가루가 균형 있게 잘 접촉하여 초보자도 안정적으로 맛을 내기 쉽다.

페이퍼 드립에 사용하는 드리퍼는 1908년에 독일의 밀리타 벤츠라는 여성이 고안했습니다. 커피 가루가 컵에 떨어지면서 투명한 커피가 탄생되었고 맛도 좋아 전 세계로 퍼지게 되었죠. 그 후 일본에서도 드리퍼를 제조하게 되면서 하리오, 고노, 칼리타 등의 메이드 인 재팬 드리퍼가 생겨났습니다. 한국도 뉴 드리퍼와 세라페 같은 드리퍼가 있습니다. 또한 전 세계 바리스타가 애용하는 드리퍼가 있듯이 자신만이 좋아하는 드리퍼가 있을 것입니다. 현재 다양한 재질, 크기, 디자인의 드리퍼가 시판되고 있습니다. 드리퍼의 차이에 따라 맛이 달라지니 특징을 파악하면 '맛의 취향'을 쉽게 찾을 수 있습니다.

비교 포인트는 다음과 같습니다.

POINT
구멍의 개수나 재질 등을 어떻게
조합하느냐에 따라 무한한 맛이 탄생!

[구멍의 개수]
- 1개 : 물이 느리게 통과하여 진한 맛이 나타나는 경향이 있다. 구멍이 크면 물 빠짐이 빨라진다.
- 3개 : 물이 빠르게 통과하여 연한 맛이 나타나는 경향이 있다.

[재질]
- 도자기 : 보기에는 좋지만 무겁다. 추울 때는 보온성이 떨어지므로 사전에 데워 두면 좋다.
- 플라스틱 : 가격이 저렴하고 가벼우며 안정적으로 추출 온도를 조절할 수 있다. 쉽게 깨지지 않는다.

[모양]
- 사다리꼴 : 물 빠짐이 느려서 커피 성분을 제대로 추출할 수 있다.
- 원뿔형 : 물 빠짐이 빨라 깔끔한 맛을 내기 좋다.
- 웨이브형 : 필터와의 접촉면이 적어 물 빠짐이 적당하다.

TIPS FOR GOOD COFFEE

프렌치 프레스는 취향에 맞게 선택하자

유럽에서는 프렌치 프레스가 보편적으로 쓰입니다. 투명한 유리 용기 안에 커피 성분이 녹아내리고 물이 차례로 커피색을 띠어가는 모습은 보기만 해도 즐겁죠.

깔끔한 디자인의 [브라질]

디자인은 다양하지만, 구조는 똑같아서 커피를 내리는 분량으로 가장 적합한 모델을 선택한다. 기본적으로 선호하는 색이나 디자인의 제품을 고르면 된다.

인기 상품인 [샹보르]

프렌치 프레스는 침지식의 대표적인 방법입니다. 기구는 원통형의 유리 용기와 커피 가루를 분리시키는 플런저(금속 필터)로 구성되어 있습니다.

==사용 방법도 간단합니다. 커피 가루를 넣고 물을 부어 일정 시간이 지난 후에 필터만 눌러주면 됩니다.==

프렌치 프레스는 물과 가루의 접촉 시간을 쉽게 조절할 수 있다는 특징이 있습니다. 이러한 특징은 페이퍼 드립 등의 투과식에서는 하기 힘든 부분이라서 프렌치 프레스만의 묘미라 할 수 있습니다.

구체적으로 가벼운 맛을 내고 싶을 때는 커피 가루를 줄이거나 원두를 거친 입자로 갈아주면 됩니다. 반대로 진한 맛을 내고 싶을 때는 커피 가루를 늘리거나 원두를 고운 입자로 갈아주면 되죠.

> **POINT**
> 똑같은 맛을 내기도 맛을 바꾸기도
> 쉽게 조절하는 방법.

즉 원두의 분쇄 방식이나 로스팅, 물의 온도, 대기 시간을 똑같이 하면 항상 똑같은 맛을 낼 수 있습니다.

프렌치 프레스 제조사로는 덴마크의 보덤이 유명합니다. 1944년에 도매업으로 시작해서 1958년에는 자체 상품 개발도 시작했습니다. 일본에서는 스페셜티 커피의 선구적 존재인 마루야마 커피에서 채용하여 인기를 끌었죠. 북유럽답게 깔끔한 디자인의 상품이 많아 주방을 화사하게 만들어 줍니다. 크기와 색은 다양하지만, 물에 커피 가루만 '침지'시키기 위한 구조이니 디자인만 보고 선택해도 문제없습니다. 인기 상품은 프랑스의 고성의 이름을 따온 '샹보르'입니다. 우아하고 군더더기가 없는 디자인이죠. '브라질' 등 커피 산지의 이름을 따온 시리즈도 훌륭하고 좋습니다. 커피 추출 방법과 맛의 취향에 맞게 선택해 보십시오.

TIPS FOR GOOD COFFEE

커피 도구의 역할을 재검토해보자

전용 도구 없이 시작했으나 점차 필요한 물건이 생겨나기 시작했을 것입니다. 커피 도구에는 매력적인 제품이 많지만, 스케일(저울)이나 필터라는 평범한 아이템도 무시할 수 없죠.

우선은 주방 용품만으로 OK!

흰색을 추천!

커피를 마시고 싶다는 생각이 들었을 때 바로 꺼내 쓸 수 있는 위치에 두지 않으면 의욕이 떨어질 수 있으니 필터도 떨어지지 않도록 잘 챙겨둔다.

요리할 때도 그렇지만, 정확하게 계량해서 레시피대로 만들기만 해도 달인의 길이 쉽게 열립니다.

경험치가 부족한 사람일수록 정해진 분량을 무시하거나 필요한 순서를 생략하기 쉽습니다. 또 아직 기술이 부족한데 '이렇게 하면 맛있어지겠지?'라는 등의 자기만의 방식을 추가해서도 안 됩니다.

커피가 맛있어지지 않는다는 생각이 든다면 기본기로 되돌아와 봅시다.

이때 중요한 점은 정확한 계량입니다. 최소 표시 1g, 최대 계량 1kg을 측정하는 일반적인 제품이라도 충분하니 전자 저울을 사보십시오.

도구에 공을 들이고 싶다면 무게와 추출 시간을 한 번에 측정할 수 있는 커피 전용 스케일도 있습니다. 실력을 늘리고 싶다면 검토해보시기 바랍니다.

POINT
무시하기 쉬운 도구에 신경 쓰면
홈 카페 커피의 격이 달라진다.

종이 필터도 이 기회에 한 번 바꿔보십시오.

지금 무슨 색 필터를 사용하고 있나요?

종이 필터에는 표백 타입(흰색)과 무표백 타입(갈색)이 있습니다. 추천하는 필터는 종이 냄새가 적은 표백 타입입니다. 그래도 종이 냄새가 신경 쓰인다면 커피 가루를 넣기 전에 물을 한 번 통과시켜 보십시오.

이렇게 커피 도구에는 매력적이고 편리한 물건이 많습니다. 새로운 도구를 사용하거나 레시피 분량을 변경하거나 무언가를 바꿀 때는 한 가지 요소만 바꾸십시오. 다른 요소는 기존과 동일하게 해서 '새롭게 도입한 방법에 따라 제조법이나 맛이 어떻게 변하는지'를 검토하여 능숙해지는 것이 중요합니다.

분쇄기는 필요 없을지도!?

커피는 캔? 페트병?

편의점 커피는 존재감을 드러내고 있는 반면, 캔 커피 시장은 정체 상태입니다. 그 이유는 담배를 피우면서 마셨던 캔 커피의 수요가 줄어들었기 때문입니다. 그 대신 휴대성이 뛰어난 페트병 커피가 존재감을 드러내고 있죠.

가장 먼저 산토리의 크래프트 보스가 일본의 커피 시장을 바꿔놓았습니다. 캔 커피처럼 열면 한 번에 다 마셔야 할 필요가 없어서 몇 차례에 걸쳐 홀짝홀짝 또는 벌컥벌컥 마시는 '홀짝 벌컥 마시기' 문화가 생겨났습니다. 한국에서도 편의점이나 마트에 가보면 많은 종류의 페트병 커피가 주요 위치에 놓여있는 것을 볼 수 있습니다. 이처럼 홀짝 벌컥 마시기에 적합하도록 맛은 아주 연합니다. 농도가 연해서 마시기도 편하고 시간이 지나도 맛이 쉽게 변하지 않는 훌륭한 레시피를 갖췄죠. '들고 다니기도 불편하고 한 번에 다 마셔야 하는' 캔 커피의 결점을 페트병 커피가 훌륭히 보완해냈습니다.

페트병 커피의 유행과 함께 '사루타히코 커피(猿田彦珈琲)'나 '마루야마 커피(丸山珈琲)'와 같은 커피 명문 기업에서도 페트병 커피를 제작하는 추세입니다. 사루타히코 커피는 조지아 캔 커피를 감수했던 경험도 있어 교묘한 상품 설계 능력을 갖추고 있습니다. 카페에서나 마실 수 있을 법한 아이스커피에 뒤처지지 않는 향과 맛으로 만족감을 느낄 수 있습니다.

병의 디자인에도 꼭 주목해보시기 바랍니다. 마시는 입구가 조금 넓은 '쇼트 보

틀'이라는 모양을 띠고 있는 제품이 있습니다. 이 모양은 향이 확실하게 올라올 수 있도록 설계되어 있습니다.

이처럼 뛰어난 커피 전문 회사가 시판 제품을 출시하는 움직임은 미국에서 시작되었습니다. 미국에는 '스텀프타운 커피 로스터즈(Stumptown Coffee Roasters)'라는 카페가 있습니다. 미국의 커피 트렌드를 이끌고 있는 '3대' 카페 중 하나죠. 이 스텀프타운이 콜드브루, 즉 물에 우려낸 커피를 캔 커피로 만들어서 팔기 시작했습니다. 그 제품이 날개 돋친 듯 팔렸고 그에 이어 다른 제조사에서도 다양한 상품이 발매되기 시작했습니다.

미국 커피는 가히 놀라울 정도로 진화해갔고 세계 최초로 식물성 우유를 사용한 음료를 다양하게 내놓았습니다. 마카데미아 너트 밀크나 코코넛 밀크를 사용한 라테는 특히 큰 인기를 끌었습니다. 독특한 시판 제품이 다양하게 등장하며 고품질 커피를 구매하고 즐기려는 움직임이 활발해지고 있습니다.

페트병 커피 등의 시판 제품을 '싼 게 비지떡'이라고 여기던 시대도 있었지만, 지금은 기술과 유통이 발전하면서 본격적인 카페 커피에 뒤처지지 않는 품질 좋은 제품도 늘어나고 있습니다. 사람들의 생활 방식의 변화에 맞춰 진화하고 있는 부분도 큰 것으로 보입니다.

4교시

운명의 맛과 만나는 커피 원두 선택 방법

쓴맛과 신맛 중에
더 선호하는 맛은?

최고의 원두와 만나려면 '자신의 맛 취향을 파악하는 것'이 핵심입니다. 평소에 식사할 때는 신맛과 쓴맛 중 어느 쪽을 선호하시나요?

내추럴 와인(아무것도 첨가하지 않은 천연 와인)을 좋아하니 커피도 신맛이 입에 잘 맞는 거 같아!

어느 맛을 더 선호하나요?

쓴맛에 가까운 맛	신맛에 가까운 맛
톡톡 튀는 맥주를 좋아한다	내추럴 와인을 좋아한다
다크 초콜릿을 좋아한다	밀크 초콜릿을 좋아한다
생선 등의 약간 탄 부분을 좋아한다	발효 식품을 좋아한다

아침에 내린 커피가 '아주 맛있다!'라는 생각만 들어도 행복을 느낄 수 있습니다. 그러한 행복을 느끼기 위한 첫걸음은 '자신의 맛 취향을 파악하는 것'입니다.

생두의 향과 로스팅한 원두의 향에 관해 연구가 진행되고 있지만, 로스팅에서 어떠한 성분이 생기는지 알려지지 않은 부분도 있습니다. 단, 화학적으로는 다양하고 치밀한 메커니즘이 작용해서 독특한 향이 생긴다고 하죠.

로스팅한 커피 원두에는 다양한 풍미가 있으며, 프루트 계열, 플로럴 계열, 너트 계열, 스파이시 계열 등으로 표현되고는 합니다. 하지만 실제 커피의 맛을 '프루트 계열', '플로럴 계열'처럼 언어로 정확하게 표현할 수 있으려면 특별한 훈련이 필요합니다.

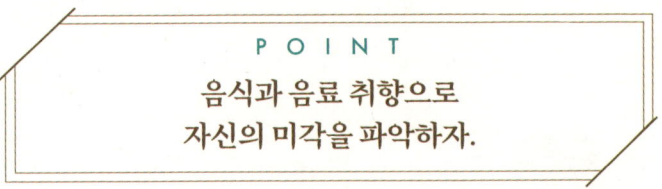

POINT
음식과 음료 취향으로
자신의 미각을 파악하자.

우선은 간단히 '쓴맛'이나 '신맛'이라는 두 가지 맛을 기준으로 커피 원두를 선택하기 위한 자신의 취향에 맞는 방향을 익혀봅시다.

그러려면 자신의 맛 취향을 파악하는 것부터 시작해야 합니다. 쓴맛과 신맛 중에 어떤 맛을 더 선호하시나요?

평소에 초콜릿은 다크 초콜릿, 맥주도 탄산이 강한 쓴맛을 좋아한다면 쓴맛이 강한 커피를 좋아할 가능성이 큽니다.

반대로 발효 식품이나 내추럴 와인을 좋아한다면 신맛이 특징적인 커피를 맛있게 느낄 가능성이 크죠.

특히 쓴맛은 인간에게 있어 중독성 등을 연상시키는 맛이므로 지금까지 쌓아온 음식 경험치나 쓴맛에 대한 내성이 얼마나 단련되었는지에 따라 취향에 차이가 생깁니다.

TIPS FOR GOOD COFFEE

쓴맛을 좋아하는 사람의 원두 선택 방법

쓴맛을 좋아한다면 해당 가게에서 가장 쓴 원두를 선택해 보십시오. 가장 맛있다고 느껴진다면 목표 달성! 너무 쓰다고 느껴진다면 두 번째로 쓴 원두로 바꿔보고, 쓴맛이 모자라다고 느껴진다면 다른 가게를 찾아가 봅시다. 이런 방식으로 좋아하는 맛을 찾아봅니다!

쓴맛이 강한 커피를 즐기는 방법
- ☑ 다크 초콜릿과 함께 즐긴다
- ☑ 크림을 듬뿍 넣은 디저트와 즐긴다
- ☑ 맛이 강한 식사를 끝낸 후 입가심으로 즐긴다
- ☑ 우유를 곁들여 즐긴다

이제부터는 가게에서 원두를 선택하는 방법을 시뮬레이션해 봅시다. 우선 쓴맛을 선호하는 사람을 위한 원두 선택 방법입니다. 가게는 마트나 커피 전문점 등 어디든 좋습니다.

가게를 찾아갔다면 직원에게 '가장 쓴 원두를 요청'해 봅시다. 요청을 들어줄 직원이 없다면 '프렌치 로스팅'이라고 쓰여 있는 원두를 선택합니다. 로스팅해주는 가게라면 '꽤 진하게 로스팅해 주세요'라고 요청합니다.

이어서 구매한 원두나 커피 가루로 내려 마셔보고 가장 맛있게 느껴진다면 목표 달성입니다.

'너무 써서 안 되겠다' 싶으면 같은 가게에서 두 번째로 쓴 원두를 사서 다시 시도해 봅시다. 반대로 '쓴맛이 모자라다'라고 느껴진다면 그 가게에는 그것보다 쓴 원두는 없으니 다른 가게를 찾아가서 더 쓴맛을 찾아봅니다.

> **POINT**
> 쓴맛을 좋아해도 한계는 있다.
> 어느 수준까지 괜찮은지 알아보자.

이러한 방법으로 '자신이 어느 정도까지 쓴맛을 허용할 수 있는지'를 확인합니다. 또 이러한 과정을 통해 해당 가게의 커피 원두의 종류나 맛의 폭도 알아낼 수 있습니다. 가게 선택도 운명의 원두 찾기에서 중요한 요소가 됩니다.

이러한 방식으로 운명의 원두를 찾다 보면 '프렌치 로스팅한 게이샤가 맛있었다', '콜롬비아의 프렌치 로스팅이 좋다' 등과 같이 선호하는 원두를 찾을 수 있습니다.

이처럼 쓴맛을 기준으로 삼아 다양한 브랜드의 원두를 접하고 미각과 감성에 딱 맞는 운명의 원두를 찾아봅시다. 그러면서 커피 원두의 생산 처리 방법에 따른 맛의 차이, 품종에 따른 맛의 차이 등, 쓴맛 이외의 요소에 관한 이해도 깊어집니다.

TIPS FOR GOOD COFFEE

신맛을 좋아하는 사람의 원두 선택 방법

신맛을 좋아한다면 라이트 로스팅 원두를 좋아할 가능성이 큽니다. 가게에서 가장 신 원두를 선택해보고 취향에 딱 맞다면 목표 달성입니다. 너무 시다고 느껴진다면 두 번째로 신 원두로 바꿔보고, 신맛이 모자란다고 느껴진다면 다른 가게를 찾아가 봅시다!

신맛 계열의 커피를 즐기는 방법
- ☑ 꿀을 넣어 향을 즐긴다
- ☑ 과일이 들어간 디저트와 즐긴다
- ☑ 아침에 잠 깨기용으로 한 잔!

신맛이 가장 강한 원두로 주세요.

커피에는 등급이 있는데 그중에서도 '스페셜티 커피'가 고품질 커피로 통합니다. 명확한 규격이나 인증은 없지만, '재배부터 커피를 내리는 방법까지 철저하게 품질을 관리하고 개성 있는 풍미와 맛을 갖춘 커피'라는 의미라고 알아두시면 됩니다. 그러한 흐름 속에서 커피 맛 중에도 신맛을 주목하는 추세입니다. 지금까지 커피의 신맛은 '산화'라고 여겨 좋지 않은 인식도 있었습니다. 하지만 커피는 커피나무라는 식물에서 나오는 숙성된 열매를 수확하여 생산 처리와 로스팅, 추출을 거치면서 기분 좋은 신맛을 즐길 수 있습니다.

일상에서 신 음식이나 음료를 좋아한다면 신맛 계열의 커피 원두가 잘 맞을 수 있습니다.

POINT
신맛이 나는 원두를 어느 정도까지 맛있게 마실 수 있는지 확인.

다음과 같은 단계로 원두를 선택해봅시다.
1. 가게에서 신맛(라이트 로스팅)의 원두를 시도해본다
2. 신맛이 부족하다면 가게를 바꿔서 가장 신맛의 원두를 요청한다
3. 신맛이 너무 강하다면 ①의 가게에서 두번째로 신맛의 원두를 시도해본다

새로운 가게나 커피 원두를 찾는 일은 여러분의 시간을 풍요롭게 해 줄 것입니다. 최근에는 인터넷에서 판매하는 커피숍도 늘어나고 있습니다. 마음에 드는 가게를 발견했다면 '샘플 세트'나 '시음 비교 세트'처럼 여러 종류의 원두커피를 소량씩 묶음으로 파는 세트를 시도해보기를 추천합니다.

커피의 맛은 이렇게 정해진다
커피의 쓴맛, 신맛의 정체를 알아보자

커피의 맛은 무엇으로 이루어져 있을까?

'커피의 쓴맛은 카페인 때문'이라고 생각하시는 분도 적지 않습니다. 물론 카페인에도 쓴맛은 포함되어 있지만, 그것뿐만이 아닙니다. 카페인이 없는 커피에도 쓴맛은 납니다. 쓴맛을 내는 성분은 다양하다는 뜻이죠.

현재는 계속해서 진행된 연구를 통해 과학적으로 클로로겐산이라는 물질 등이 만드는 갈색 색소 때문이라는 사실이 밝혀졌습니다.

클로로겐산은 카페인산이라고 하면 가장 먼저 떠오르는 것이 커피인 이유는 알 것입니다. 카페인산 역시 다른 식물에도 들어 있는 알카로이드 물질이지만, 커피가 가장 먼저 떠오르는 이유는 커피에서 이 물질이 처음 추출되었기 때문일 것입니다. 그래서 카페인산이라는 이름이 붙여진 것이니까요.

그렇다면 신맛은 어떨까요? 로스팅 전의 생두에는 **구연산** 등의 신맛과 관련된 성분이 포함되어 있지만, 이러한 성분이 커피의 신맛을 내지는 않습니다. 커피 신맛의 정체는 로스팅에서 생겨나는 퀸산 등에 있습니다.

클로로겐산   커피 열매에 다수 포함된 쓴맛이 나는 물질. 커피 외에 우엉 등에도 포함되어 있다.

구연산   감귤류 등의 과일에도 포함된 물질. 상쾌한 신맛이 난다.

퀸산   기나나무(꼭두서니과의 상록 교목)의 수피 등에 포함된 물질. 은은한 신맛이 난다.

로스팅의 진행도와 신맛의 관계는?

커피의 쓴맛이나 신맛은 커피의 품종과 품질, 로스팅 방법 등에 따라 달라집니다.

신맛은 로스팅 직후 생겨나지만, 로스팅을 더 진행하면 신맛은 줄고 쓴맛이 생겨나기 시작합니다. 즉 로스팅 시간이 짧으면 신맛이 강하고, 로스팅 시간이 길면 신맛은 약하죠. 단, 원두의 품종이나 품질에 따라 신맛이 생겨나는 방식이 달라집니다.

신맛이 나는 상쾌한 맛의 커피를 좋아한다면 라이트 로스팅, 쓴맛이 나는 커피를 좋아한다면 프렌치 로스팅을 선택하면 선호하는 맛에 가까워집니다.

질 좋은 신맛과 산화된 신맛은 어떻게 다를까?

최근에 커피가 인기를 끌면서 신맛 계열의 커피가 주목을 끌게 되었습니다. 하지만 '신맛은 곧 산화 현상'이라는 이미지도 있죠. 사실 로스팅 후, 원두에 산소가 접촉될 때마다 품질은 저하됩니다. 그 결과 원치 않는 신맛이 생겨날 수도 있습니다. 마셨을 때 기분 좋은 신맛은 대체로 질 좋은 신맛입니다.

질 좋은 신맛 커피에서 오렌지나 레몬 등을 선호하는 신맛을 표현할 때 사용한다.

우선은 로스팅 정도를 확인하자
커피 원두를 직접 선택해보자

그럼 취향에 맞는 커피 원두를 사러 가봅시다.

커피 원두도 판매하는 카페나 찻집, 직접 로스팅하는 커피숍 등이 생활권 내에 있다면 가장 좋겠지만, 사실 슈퍼마켓만으로도 충분합니다. 또 최근에는 인터넷에서도 판매되어 편리하게 구매할 수 있죠.

 로스팅 정도를 확인한 후 그다음에 생산국

매장에 진열된 커피 원두의 패키지 중 가장 처음 봐야 할 부분은 로스팅 정도입니다. 프렌치 로스팅, 미디엄 로스팅, 라이트 로스팅 등과 같은 정보죠.

간단히 말해 '프렌치 로스팅은 쓴맛, 라이트 로스팅은 신맛, 미디엄 로스팅은 그 중간 맛'으로 구별하시면 됩니다.

'나는 평소에 쓴 맥주를 마시니까 쓴 원두도 좋을 거 같다'라는 생각으로 원두를 사서 내려봅시다.

로스팅 정도 로스팅 정도는 시간이 짧은 순서대로 ❶ 라이트, ❷ 시나몬, ❸ 미디엄, ❹ 하이, ❺ 시티, ❻ 풀시티, ❼ 프렌치, ❽ 이탈리안의 8단계로 표기하는 경우가 많다. ❶, ❷를 라이트 로스팅, ❸, ❹를 미디엄 로스팅, ❺~❽을 프렌치 로스팅이라고 부른다. 단, 특별한 규정이 있지 않아 가게마다 기준이 다를 수 있다.

로스팅 정도를 확인했다면 그다음은 생산국을 확인합니다. 슈퍼마켓에서 판매되고 있거나 그렇게 비싸지 않은 평범한 상품에도 생산국은 반드시 표기되어 있습니다.

자주 눈에 띄는 생산국은 브라질, 콜롬비아, 에티오피아 등이 있습니다. 앞서 '0교시의 캐릭터로 배우는 커피 원두 도감'에서 익숙한 생산국과 맛의 특징을 소개해 드렸습니다. 사러 가기 전에 해당 부분을 예습해두면 '아, 저 원두는 분명 과일 향이 나는 특징이 있다고 쓰여 있었어!' 등과 같이 맛을 짐작할 수 있어 즐겁게 원두를 선택할 수 있을 것입니다.

매장에서 커피를 살펴보면 제철 원두를 알 수 있다

앞으로 소개해드리겠지만, 커피 원두를 선택하는 데는 이론이 필요합니다. 상상했던 맛을 발견하고, 자기 취향의 맛이 나는 원두를 찾는 일은 무엇보다 기쁘지만, 우연히 취향에 맞는 원두와의 만남도 또 다른 기쁨입니다.

왜냐하면 커피 원두는 농작물이라 그 해마다 풍년과 흉년뿐만 아니라 **제철과 수확 시기**라는 요소가 있기 때문이죠.

제철과 수확 시기 수확 시기는 생산국에 따라 다르다. 중미는 재고 상황이나 수입 방법에 따라 달라지지만, 보통 여름에서 가을 즈음.

　커피 전문점에서는 항상 똑같은 원두를 들여오지 않고 시기에 따라 다른 원두를 들여옵니다.

　예를 들어 코스타리카 등의 중미 커피는 12월 즈음에 수확이 시작되어 탈곡 등의 생산 처리를 거쳐 수출되면 초가을 즈음부터 매장에 진열되는 흐름이 일반적입니다. 이것이 곧 '커피의 제철'인 셈이죠.

　매장에 'NEW'라는 문구가 쓰여 있는 생산국이나 브랜드만 살펴봐도 커피의 제철을 확인할 수 있는 즐거움이 있습니다.

　결국 '이 원두가 최고다'라고 생각하더라도 그해의 재고가 떨어지면 더는 살 수 없습니다. 따라서 마음에 드는 생산국이나 브랜드를 아직 정하지 못했다면 가게에 새롭게 들어온 순서대로 마셔보기를 추천해 드립니다. 그러면서 '코스타리카나 콜롬비아 등의 중미 원두가 입에 잘 맞는다' 등과 같은 자신의 취향을 파악할 수 있게 될 것입니다.

　여기서 중미라는 말이 생소하게 들릴 수도 있습니다. 보통은 중남미라는 단어가 익숙하니까요. 일반적으로 북미는 캐나다와 미국, 중미는 멕시코, 과테말라, 벨리즈, 엘살바도르, 온두라스, 니카라과, 코스타리카, 파나마 그리고 남미는 파나마 남쪽의 남아메리카를 말합니다.

　흔히 북미를 제외한 중미와 남미를 중남미 또는 라틴아메리카라 부르기도 합니다.

커피의 생산 처리를 기준으로 선택하자

'에티오피아 원두를 구매'하려고 가게에 갔다고 가정해봅시다. 이때 에티오피아 원두가 여러 종류가 있다면 그다음으로 확인해봐야 할 정보는 **생산 처리**(프로세스)입니다.

'워시드', '내추럴' 등의 생산 처리 과정이 있으니 맛을 찾는 기준으로 삼을 수도 있습니다(자세한 내용은 122페이지). 사실 이러한 내용을 자세히 알지 못해도 괜찮습니다. 몇 가지 원두를 사서 마셔보면서 '자신이 맛있다고 느끼는 원두는 내추럴일 때가 많다'라는 등의 경험을 통해 파악해나가도 좋습니다.

생산 처리	열매(커피 체리)에서 씨앗을 꺼내 건조와 탈곡 등의 작업을 거쳐 생두로 가공하는 과정. 프로세스라고도 부른다.
워시드	수확한 열매를 그대로 건조해 생산 처리를 하는 방법.
내추럴	수확한 열매를 물에 담근 후 생산 처리를 하는 방법.

그대로 건조하는지, 물에 담그는지에 따라 맛이 변한다!
커피 원두의 생산 처리도 맛의 비결

생산 처리는 주로 두 종류

생산국이나 로스팅 등 이외에 맛에 영향을 미치는 요소가 생산 처리입니다. 열매에서 씨앗을 꺼내서 껍질을 깎아 생두로 가공하는 과정이죠.

생산 처리에는 다양한 방법이 있는데 커피에 다양한 풍미를 가져다줍니다.

대표적인 방법으로 다음의 두 종류가 있습니다.

- 내추럴(햇볕에서 건조)
- 워시드(물 세척 처리)

내추럴은 과육 등이 붙어 있는 열매(커피 체리)를 건조하는 방법으로 물이 풍부하지 않은 지역에서도 사용할 수 있습니다.

워시드는 열매를 수조 탱크에 넣고 발효시킨 후에 과육 등을 제거, 건조하는 방법입니다. 많은 양의 물이 필요하여 물이 부족한 지역에서는 이용하지 못하기도 합니다.

생두 '그린 빈(Green bean)'이라고 불리기도 한다. 생산 처리를 끝낸 날 것 그대로의 원두. 로스팅을 하지 않으면 커피로 마실 수 없다.

또 워시드와 내추럴의 혼합형인 '펄프드 내추럴'이라는 방법도 있는데, 수확 시 완전히 익은 체리만을 수확하여 외피를 벗겨 햇볕에서 건조시키는 방법입니다. 국가뿐만 아니라 지역에 따라 이 이외의 다양한 방법과 명칭이 있지만, 통일된 기준은 따로 없습니다.

생산 처리에서 맛을 상상할 수 있다면 최고

'브라질은 내추럴 방식으로 생산 처리되는 경우가 많다'라는 것처럼 생산국별로 주류가 되는 생산 처리 방법이 있어 플레이버(flavor)와 큰 관련이 있습니다. 어렵게 생각하거나 외울 필요 없이 '선호하는 커피는 내추럴인 경우가 많다'라는 정도로 파악만 해두면 됩니다. 브라질은 내추럴, 케냐와 엘살바도르는 워시드가 많으며, 에티오피아는 두 종류 모두 많습니다.

내추럴은 깊이와 향이 진하고, 워시드는 깔끔한 맛으로 마무리되는 경향이 있습니다.

펄프드 내추럴 열매에서 기계로 과육을 제거하지만, 씨앗 주변의 끈적이는 물질이 붙어 있는 상태로 건조하는 방법. 코스타리카의 '허니 프로세스'가 이 종류에 해당.

플레이버 식품을 입에 넣는 순간 느낄 수 있는 향과 풍미 등의 종합된 감각. 그러한 효과를 나타내는 물질도 플레이버라고 부른다.

재스민? 복숭아? 미각을 탐구

커피의 다양한 맛 표현을 배워보자

향에 신경을 많이 쓰는 커피숍을 가면 향을 '재스민과 같은 향', '복숭아가 떠오르는 풍미'라는 표현을 찾아볼 수 있습니다.

물론 실제로 그런 과즙이나 향료를 넣지는 않았습니다. 다만 그 원두의 로스팅 정도나 신맛이 그러한 향을 연상시킨다는 의미죠.

맛을 '프루트(과일) 계열', '플로럴(꽃) 계열'처럼 다양하게 표현할 수 있지만, 커피는 국경을 넘어 거래되는 식품이다 보니 '복숭아와 같은 향'으로 표현하면 나라마다 복숭아의 품종이나 당도가 다양해서 문화나 식습관 등의 영향을 받기 쉬워서 절대적으로 표현하기 힘듭니다.

따라서 전 세계 사람이 공통 인식을 가질 수 있도록 커피의 플레이버를 휠(바퀴) 모양의 차트로 나타낸 '플레이버 휠'이 개발되었습니다. 미국의 스페셜티 커피 협회와 월드 커피 리서치가 공동으로 작성한 차트가 유명

프루트(과일) 계열	신맛에서 연상되는 상큼한 풍미 표현. 로스팅 정도가 연한 원두에서 쉽게 느낄 수 있다.
플로럴(꽃) 계열	커피의 꽃은 재스민과 비슷한 향이 나는데 그 꽃과 똑같은 향이 나는 커피 원두가 있다. 하지만 로스팅으로 증발해버리므로 라이트 로스팅 시에 더 쉽게 느낄 수 있다.
플레이버 휠	향이나 맛 등의 표현을 비슷한 향과 맛이 나는 식품과 가깝게 배치한 원형 차트. 와인이나 위스키 등에도 이런 플레이버 휠이 있다.

하죠. 모두 영어로 표기되어 있지만, 인터넷에서 쉽게 찾아볼 수 있으며 커피 애호가가 작성한 해설 기사도 있으니 한 번 읽어보시기 바랍니다.

고무나 석유 냄새? 즐겁게 맛의 표현을 익혀보자

어렵게 생각할 필요는 없습니다. '고무나 석유 냄새가 나네?'와 같이 표현의 폭을 익히거나 '복숭아 같다', '위스키 같다'와 같이 다른 사람과 같은 커피를 마시면서 의견을 나누는 것도 도움이 됩니다.

외워두면 도움이 될만한 표현은 다음과 같습니다.

- 프루트(과일) 계열 : 베리 계열, 건포도, 복숭아, 오렌지 등
- 플로럴(꽃) 계열 : 재스민, 장미, 캐모마일 등
- 너트(견과류) 계열 : 아몬드, 헤이즐넛, 땅콩
- 코코아 계열 : 초콜릿, 다크 초콜릿
- 스파이시(향신료) 계열 : 정향, 시나몬, 육두구, 아니스 등

고무나 석유 냄새 선호하지 않는 플레이버를 고무나 석유, 나무, 곰팡이, 습기와 같이 표현하기도 한다.

블렌드 원두의 맛을 상상해보자

카페나 커피숍에서 '블렌드'라는 단어를 자주 찾아볼 수 있습니다. 이처럼 다른 종류의 원두를 블렌드 해서(섞어서) 사용하는 경우도 많습니다. 배합을 살펴보고 어떤 맛일지 상상할 수 있도록 노력해 봅시다.

> 패키지를 보고 맛을 상상해본 후 직접 커피를 내려서 확인. 이 과정을 반복하면 감별 능력을 기를 수 있다. 실패하더라도 블렌드 해서 사용하는 방법 등을 통해 바로잡을 수 있다!

패키지를 보고 맛을 상상할 수 있으면 좋겠다…

> '스페셜 블렌드(브라질, 에티오피아)'라는 패키지인 경우 브라질은 블렌드 원두의 기본 원두로 맛과 향이 약한 편에 속한다. 추가로 넣은 원두(여기에서는 에티오피아)가 맛의 특징을 나타낸다.

커피 원두는 여러 종류의 원두가 블렌드 된 상태에서 판매되는 경우가 대부분입니다. 그러다 보니 다양한 배합의 원두가 시판되는 바람에 종류가 너무 많아서 무엇을 골라야 할지 망설이게 되죠. 이때 알아두어야 할 사항은 다음과 같습니다.

- '○○ 블렌드'의 ○○에 원두의 산지나 품종, 브랜드 등이 표시되어 있다면 해당 원두가 30% 이상 사용되었다는 뜻이다.
- 블렌드는 기본이 되는 원두(가장 앞쪽에 쓰여 있는 원두)의 개성이 쉽게 두드러진다. 대부분 마시기 편한 브라질 원두를 선택한다.
- 보통 프렌치 로스팅은 쓴맛, 라이트 로스팅은 신맛 계열의 맛이 난다. 미디엄 로스팅은 그 중간 정도에 해당한다.

> **POINT**
> 가게 이름을 붙인
> '○○ 블렌드'부터 시도해보자.

예를 들어 패키지에 '브라질, 에티오피아'라고 쓰여 있다면 마시기 편한 브라질 원두가 기본적인 맛을 내고 에티오피아 원두의 향이 포인트가 될 것이라고 추측해볼 수 있습니다. '깊이감 있는 부드러운 신맛' 등의 문구도 참고해 봅시다. 우선은 하나를 선택해서 마셔보고 다른 브랜드의 커피를 시도할 때 모든 감각을 동원해 차이를 느껴봅니다.

우선 가게의 이름을 붙인 블렌드 커피는 가게의 '대표' 상품이니 이런 원두부터 시도해보는 것도 좋은 방법입니다. 로스팅 날짜 확인도 중요합니다. 구매 후 상온에서 보관한다면 원두 품질이 떨어지기 전인 로스팅 후 2주 이내에 모두 마시기 바랍니다. 로스팅 후 2주 이상 지난 원두는 드시지 않기를 추천합니다. 가게 이름을 붙인 '블렌드' 커피를 시도해보면 '그 가게의 맛'을 파악할 수 있을 것입니다.

TIPS FOR GOOD COFFEE

마실 때마다 '자신의 맛'에 가까워진다
좋아하는 커피의 특징을 알아두자

24페이지에서 설명해드린 바와 같이 커피 원두가 블렌딩 된 상태에서 판매되는 경우가 많은 이유는 조화로운 맛과 품질, 안정적인 가격을 실현하기 위해서입니다. 이러한 블렌드 커피의 경우, 패키지에는 함유량이 많은 순으로 생산국이 기재되어 있죠.

원두 선택에는 다양한 방법이 있습니다. 커피는 기호 식품이니 정답은 따로 정해져 있지 않지만, 자신의 취향을 찾는 지표로 삼기 좋은 요소가 바로 '생산국'입니다.

가게에서 점원과 이야기해 보거나 인터넷에서 정보를 수집하면서 다양한 나라의 수많은 블렌드 원두를 직접 선택하여 시도해 봅시다. 그러한 과정을 몇 번 반복하다 보면 어느새 '브라질 원두가 메인인 블렌드가 입에 맞는다'라거나 '나는 에티오피아 원두가 메인인 블렌드가 맛있는 거 같다'와 같이 취향을 파악할 수 있게 될 것입니다.

브라질 원두가 메인인 블렌드	브라질은 블렌드 기본 원두의 대표주자. 브라질 원두가 메인인 블렌드는 신맛이 적어 마시기 편한 것이 많다.
에티오피아가 메인인 블렌드	에티오피아 원두의 특징을 통해 우아한 향과 신맛을 즐길 수 있을 것으로 추측할 수 있다.

그러한 입력 과정을 미리 해두면 가게에서 수많은 선택지가 생기더라도 능숙하게 커피를 선택할 수 있습니다.

처음에는 '콜롬비아의 라이트 로스팅!'처럼 한정적으로 선택하지 않아도 괜찮습니다. 다양하게 마셔보고 경험치를 쌓는 것이 중요합니다.

생산 처리나 그 나라의 재배 상황 등을 더 자세히 알고 싶다면 더 전문적인 가게에 방문해 보십시오.

또 자신의 **음식 취향**에 맞게 선택하는 방법도 있습니다. '나는 맥주도 쓴 것을 좋아하니까 커피도 프렌치 로스팅한 쓴 커피가 잘 맞을 거 같다'라는 생각으로 프렌치 로스팅 커피를 찾아보는 방법이죠.

그럴 때는 커피숍 등에 가서 '프렌치 로스팅 커피를 선택해보세요. 프렌치 로스팅을 전제로 두고 어떤 개성이 있는 커피가 마음에 드시나? 신맛이 많이 나지 않아 마시기 편한 브라질 원두가 좋겠다'라는 등의 방식으로 찾아봅시다.

음식 취향 처음에는 초절임이나 매실장아찌처럼 신맛이 나는 음식, 다크 초콜릿이나 맥주처럼 쓴맛이 나는 음식은 취향에 맞지 않으면 익숙해지기 쉽지 않지만, 반복 학습 효과를 통해 맛을 습득하는 경우가 많다. 음식 경험을 통해 미각을 단련하면 선호하는 커피의 취향이 바뀌기도 한다.

TIPS FOR GOOD COFFEE

커피의 맛은 물로 인해 바뀐다

커피 원두가 가진 맛을 충분히 끌어내려면 물 선택도 중요합니다. 한국의 경우는 수돗물을 사용할 수 있다는 이점이 있죠. 정수기를 사용하는 방법 등을 함께 소개해 드리겠습니다.

물은 어떻게 선택해야 할까?

미네랄워터를 추천!

커피의 성분은 대부분 물이다. 당연하게도 물의 상태에 따라 맛이 좌우된다. 수돗물은 정수기로 여과한 후에 사용하면 좋다.

커피는 원두에 포함된 성분을 물에 녹인 음료로 대부분은 물로 이루어져 있습니다. 따라서 어떠한 물을 사용하는지에 따라 맛이 크게 달라지죠.

물의 성질을 나타내는 지표에는 '경도'(칼슘이나 마그네슘의 함유량을 수치화한 것)와 'pH'(수소 이온 지수를 의미하며 물질의 산성도를 나타낸다)가 있습니다.

처음에는 어렵게 생각할 것 없이 수돗물로 시도해봐도 문제없습니다.

하지만 수돗물은 정수기로 여과한 후에 사용하기를 추천합니다. 또는 물을 끓이는 시간을 길게 해서 석회 냄새를 확실히 제거한 후에 사용해도 좋죠.

'더 맛있게 커피를 내리고 싶다'라거나 '물에 따라 얼마나 맛이 변하는지 확인하고 싶다'라면 미네랄워터를 사용해 보십시오.

> **POINT**
> 수돗물은 정수기로 여과하자!
> 미네랄워터도 검토해보자.

한국의 수돗물은 전 세계적으로 살펴봤을 때 커피와의 궁합이 잘 맞는 편이지만, 토지나 계절에 따라 성분에 미묘한 차이가 있습니다. 또 염소나 수도관의 녹 등이 포함되어 있을 수 있기 때문입니다. 따라서 경도를 포함해서 품질이 항상 안정적인 미네랄워터가 수돗물보다 맛의 차이가 덜 생긴다는 이점이 있습니다.

미네랄워터를 선택하는 비결은 칼슘과 마그네슘의 함유량을 나타내는 '경도'에 있습니다. 페트병의 라벨을 살펴보면 수치가 분명히 기재되어 있을 것입니다.

커피를 내리는 데 사용하려면 30~100 정도가 이상적인 수치입니다. 이것보다 경도가 극단적으로 높은 물은 커피 내리기에 적합하지 않습니다.

커피 원두는 냉동 보관이 최고!

커피는 상온에서 약 2주가 지나면 신선도가 떨어지므로 가정에서는 보관 방법에 주의를 기울여야 합니다. 과학 연구의 결과, 커피 원두 보관은 '냉동 보관'이 가장 적합하다는 사실이 밝혀졌습니다!

> 밀폐성과 차광성에 뛰어난 봉투에 넣어 진공으로 냉동 보관하면 이론상으로는 영구적으로 보관할 수 있다고 한다. 냉동실 공간이 충분하지 않다면 냉장실에 보관해도 괜찮다.

포장 봉투에 넣어서 보관해도 된대!

커피는 구매 후 상온 보관하면 약 2주 만에 신선도가 떨어지고 맙니다. 채소나 과일 등과 마찬가지로 적절한 방법으로 보관해야만 하죠.

그동안 커피를 오래 보관하기 위해 '봉투째로 밀폐 용기에 넣어 냉장고에 보관'하거나, '차를 보관하는 캔 용기 안에 옮겨 담는 것이 좋다'라는 등의 다양한 방법이 제시되어 왔습니다. 최근에는 과학 연구의 결과, 한 가지 답이 나왔습니다. 원두 상태일 때는 '냉동 보관이 최고'라는 것입니다.

그리고 원두를 쓰려고 냉동실에서 꺼내서 커피를 내릴 때도 원두를 해동하지 않고 얼린 상태에서 커피밀에 넣어 가루로 만드는 방법이 가장 좋다고 합니다. 월드 바리스타 챔피언십에서 얼린 원두를 사용하는 출전자도 있을 정도죠.

> **POINT**
> 농작물이니
> 채소처럼 다뤄야 한다.

하지만 가정용 냉동실에는 다양한 식재료가 들어 있기 때문에 다른 냄새가 쉽게 밸 수 있다는 큰 문제가 있습니다. 이러한 문제는 밀폐성이 뛰어난 보관 용기나 진공팩에 넣는 방식으로 해결할 수 있습니다. 요즘 판매하고 있는 커피 패키지의 안쪽은 알루미늄으로 처리되어 있고 지퍼백의 형태를 띠고 있기 때문에 그대로 보관하기에 적합하니 확인하고 활용해 보세요. 사용한 후에는 공기를 빼고 지퍼백을 확실히 잠가 놓으면 품질 저하를 막을 수 있습니다.

냉동실에서는 수분이 미세한 얼음으로 바뀌면서 커피 원두에 부착될 수 있습니다. 어느새 놀랄 정도로 두꺼운 성에가 끼는 그 현상 말입니다. 따라서 외부 공기가 들어가지 않도록 잘 밀폐해 주어야 합니다.

가루 상태로 커피를 샀다면 보관 기간이 그리 길지 않으니 1주일 이내에 다 마시도록 합시다.

TIPS FOR GOOD COFFEE

사랑도 커피도 때로는 모험이 필요하다?!

운명의 원두 이외의 커피도 즐겨보자

커피의 궁극적인 목표는 마시는 것이 아니라 정성스럽게 커피를 내리며 마음을 안정시키는 마인드풀니스(Mindfulness) 행위라고 생각합니다.

커피 관련 지식을 쌓기 위해 생산국이나 커피를 내리는 방법을 알고 싶거나 기술을 익히고 싶어 하는 사람들이 늘고 있는데, 그들 대부분은 '정성스러운 삶의 상징'으로 커피를 원하고 있다는 생각이 듭니다.

코로나 여파로 '카페인 섭취량이 전년 대비 120%가 되었다'라는 보고도 있습니다. 이러한 경향은 정보 과다 시대에 마음의 평안을 원하고 있다는 증거라고 볼 수 있습니다.

자신의 미각과 감성에 맞는 커피를 찾을 수 있다면 QOL이 순식간에 급상승할 것입니다. 예를 들어 인터넷에서 아무 생각 없이 산 원두를 내려 마셨는데 '마음에 들어, 맛있다!'라는 생각만 들어도 인생이 행복해질 수 있습니다.

마인드풀니스   지금 이 순간의 생각, 행동, 신체 반응 등으로 깊게 의식을 마주하여 집중하고 있는 상태.

QOL   퀄리티 오브 라이프(Quality Of Life, 삶의 질)의 줄임말. 삶의 보람이나 행복감 등 정신적인 면의 충실함도 포함된 개념.

간단히 생각하면 커피는 무엇이든 괜찮습니다

원두 선택에서 '이 원두가 최고다'라는 확신이 들려면 오랜 시간이 걸립니다. 그래서 많은 사람이 중도 포기하는 경우도 많죠. 하지만 찬찬히 찾다 보면 분명 운명의 원두와 만날 수 있을 것입니다.

운명의 원두를 찾았다고 하더라도 가끔은 모험을 즐기고 싶어 집니다. 연애와 마찬가지로 자신의 취향에 맞는 이성(동성이라도)만을 추구하지 않고 때로는 평소와 다른 타입을 추구해보는 것도 좋습니다. 말 그대로 미각의 모험인 셈이죠. '쓴맛 계열의 커피를 좋아한다고 생각해왔는데 한 번 신맛 계열의 커피를 시도해보고 마음에 들어서 그 이후에는 신맛 계열의 커피를 주로 마시게 되었다'라는 멋진 해피 엔딩도 맞이할 수 있습니다. 반대로 '결국 나에게는 이 맛뿐이야'라는 사실을 깨닫기 위해 모험하는 것도 나쁘지 않습니다.

남의 떡이 커 보인다면 그 떡을 직접 가까이서 확인해보지 않으면 알 수 없습니다.

연애에서는 모험이 어느 정도 위험 부담이 있지만, **커피 원두 선택에서**는 그럴 걱정도 없습니다!

커피 원두 선택 상품의 회전율이 좋고 진열되어 있는 브랜드를 자주 바꿔놓는 가게가 좋은 가게일 가능성이 높다!

인스턴트 커피도
스페셜티 품질로

코로나 여파로 인스턴트 커피도 판매량이 높아지고 있습니다. 핸드 드립으로 커피를 내리고 싶은 사람, 커피는 원두를 사서 집에서 직접 갈아서 정성스럽게 내려 마시는 본격적인 커피를 지향하는 사람이 늘어나고 있지만, 인스턴트 커피는 예전부터 가정에서 즐기는 대표적인 커피입니다. 수고를 들이지 않고 커피를 마시고 싶다면 이보다 더 좋은 커피는 없죠.

인스턴트 커피를 선택한다고 해서 게으르다고 볼 수는 없습니다. 차를 마실 때 찻주전자를 꺼내 찻잎을 넣고 정성스럽게 우려내는 사람도 있고, 반대로 간편하게 티백을 사용하는 사람도 적지 않습니다. 인스턴트 커피는 티백으로 우려내는 것과 크게 다르지 않다고 생각합니다.

누가 커피를 만들어도 맛의 차이가 없고 언제나 맛있는 커피를 마실 수 있다는 점이 훌륭하죠. 하지만 패키지에 쓰여 있는 대로 꼭 지켜서 만들어야 합니다. 특별한 비결은 없지만, 기재된 분량에 맞게 물을 사용하는 것이 중요하죠.
'카레에 물을 조금만 넣는다', '보리차에 물을 아주 조금만 넣으면 고소해진다' 등과 같이 맛의 비결을 내는 방법처럼 물을 잘 사용해줘야 합니다. 저는 인스턴트 커피를 디저트로 자주 사용합니다.

예를 들어 이탈리아의 대표 디저트인 아포가토(Affogato)를 만드는 데 사용하죠.

바리스타 이자키가 들려주는 커피 이야기 ⑤

우선은 끓인 물 30ml에 인스턴트 커피 1잔 분량을 녹여 에스프레소 정도의 농도로 만듭니다. 이 위에 아이스크림을 얹으면 완성됩니다.

또 바나나 셰이크를 만들 때도 사용합니다. 저는 우유를 잘 마시지 못해서 귀리 우유나 아몬드 우유를 사용합니다. 이러한 식물성 우유에 얼린 바나나, 요거트를 믹서나 블렌더에 넣고 부드러워질 때까지 갈아 줍니다. 평소에는 보통 여기에 에스프레소를 넣지만, 단시간에 만들고 싶을 때는 인스턴트 커피를 넣습니다. 이런 방법을 통해 인스턴트 커피 세계도 진화할 수 있습니다. 눈이 번쩍 뜨일 정도로 맛이 좋아집니다. 인스턴트 스페셜티 커피의 탄생은 커피계의 특별한 사건이었습니다. 물로 녹이기만 하면 스페셜티 품질의 커피를 마실 수 있었으니 말이죠.

인스턴트 스페셜티 커피는 가장 먼저 미국에서 화제가 되었고 최근에는 국내에서도 퍼지고 있습니다. 일본에서 화제가 된 커피는 나고야의 'TRUNK COFFEE(트렁크 커피)'와 'INIC coffee(이닉 커피)'의 커피입니다. 이 인스턴트 커피들은 가루 타입이지만, 물에 녹으면 마치 방금 드립으로 내린 것과 같은 향과 풍미를 맛볼 수 있습니다. 한국에서도 유명한 도쿄 기요스미시라카와에서 제3의 커피 물결의 선풍을 일으킨 블루보틀 커피도 스페셜티 품질의 인스턴트 커피를 발매하고 있습니다.

5교시

어레인지 커피로 다양하게 커피를 즐기는 방법

자유롭게 커피를 즐기며 세계 평화까지

세계의 어레인지 커피 레시피

에스프레소의 본고장 이탈리아, 사람들은 집이나 카페에서 하루에도 몇 번씩 에스프레소를 즐깁니다. 이탈리아의 근사한 커피 일상을 소개해 드리겠습니다.

> 바닐라 아이스크림에 에스프레소를 얹은 '아포가토'는 이탈리아의 대표 디저트. 리큐어를 첨가하면 더욱더 어른스러운 맛으로 완성.

에스프레소의 본고장, 이탈리아. 가정에서도 직화식 에스프레소 메이커인 '마키네타'로 에스프레소를 즐깁니다. 숙박 공유 서비스인 Airbnb(에어비앤비)의 숙박 시설에도 반드시 마키네타가 구비되어 있을 정도죠.

이탈리아인들은 크루아상 등의 페이스트리와 카푸치노로 아침을 시작합니다. 그리고 바리스타와 이야기를 나누며 에스프레소를 서서 마시고는 합니다. 점심 식사 후에 또 커피숍에 들러서 홀짝 마시고 홀쩍 떠납니다. 저녁에도 마찬가지로 식사를 에스프레소로 마무리합니다. 다 마시면 에스프레소에 그라파(포도 찌꺼기를 발효하여 만든 증류주)를 넣어 마시는 사람도 있습니다.

이처럼 에스프레소가 이탈리아인에게 생활의 일부이듯이 어느 나라나 독특한 카페 문화가 존재합니다.

> **POINT**
> **이탈리아인은
> 에스프레소와 함께 살아간다!**

그리스는 지중해의 나라로 햇빛도 강합니다. 아이스커피만으로는 시원함이 부족할 정도죠. 그래서 설탕과 에스프레소를 얼음과 함께 블렌더에 넣어 갈아서 마십니다! 푸른 바다를 보면서 마시는 '프레도 에스프레소'는 특별한 맛이 있습니다.

아시아의 **어레인지 커피**는 가볍게 재미있게 만들어 마시기 좋은 것들이 많습니다. 한국에서는 'SNS 업로드용' 음료가 인기를 끌고 있습니다. 그 결과 '달고나 커피'처럼 귀여운 음료가 생겨났죠. 열대 지방인 인도네시아에서는 커피에 코코넛 슈가와 우유, 생크림을 넣은 '코피수수(KOPISUSU)'가 인기입니다. 얼음을 넣어 차갑게 만들어 여름 인기 음료죠. 전문 브랜드가 생겨 대통령도 방문할 정도로 인기가 있습니다. 연유를 넣은 '베트남 커피'도 아주 달고 맛있습니다.

어레인지 커피 블렌드 커피에 생크림, 곡물, 술, 과일 등 다양한 첨가물을 추가한 것

새롭게 등장한 세계의 커피 어레인지

한국 달고나 커피

[재료(1인분)]
인스턴트 커피 : 적당량
그래뉴당(과립 설탕) : 적당량
물 : 적당량
※ 위의 세 가지 재료를 1:1:1 비율로 준비
우유 : 적당량

[만드는 방법]
❶ 인스턴트 커피, 그래뉴당, 물을 넣고 머랭을 만들듯이 휘저어준다.
❷ 유리잔에 우유를 넣고 그 위에 ①을 얹어준다.

그리스 프레도 에스프레소

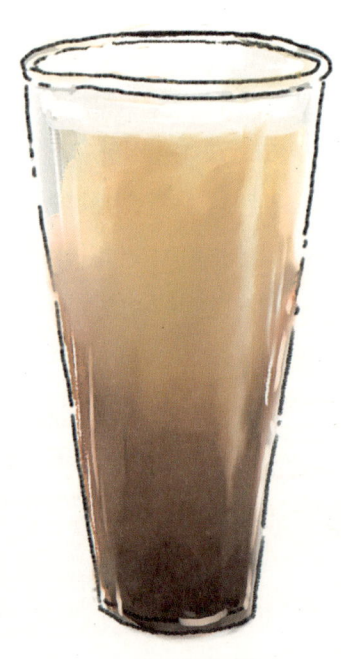

[재료(1인분)]
에스프레소 : 더블 샷
얼음 : 2개(갈아줄 때)
얼음 : 2개(마무리할 때)
그래뉴당 : 적당량(취향껏 첨가)

[만드는 방법]
❶ 에스프레소와 얼음 2개를 믹서나 블렌더에 넣고 갈아준다.
❷ 얼음 2개와 그래뉴당을 넣는다.

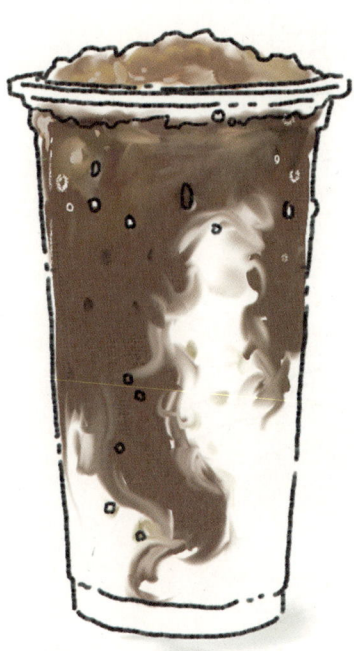

베트남 요거트 커피

[재료(1인분)]
유가당 요거트 : 90g
우유 : 30g
에스프레소 : 싱글 샷
잘게 간 얼음 : 150g

[만드는 방법]
❶ 연유를 전자레인지에 10초 정도 데운다.
❷ 모든 재료를 잘 섞어준다.

인도네시아 코피수수

[재료(1인분)]
에스프레소 : 싱글 샷
코코넛 슈가 시럽 : 20ml
우유 : 100ml
생크림 : 25ml(취향껏 첨가)

[만드는 방법]
❶ 생크림 이외의 재료를 믹서나 블렌더에 넣고 갈아준다.
❷ 취향껏 생크림을 얹어준다.

커피에 단맛을
추가하는 즐거움을

'커피는 블랙커피가 최고'라고만 생각한다면 놓치고 있는 부분이 많을 수 있습니다. 맛있는 커피는 설탕 등의 감미료를 넣어도 매력이 더 커지기 때문이죠. 무엇이든 좋으니 자유롭게 넣어 보세요.

잘 녹아서 편리 — 그래뉴당

다이어트 중이라면 — 0 칼로리

라이트 로스팅에는 아카시아 꿀을 추천 — HONEY

꿀이나 그래뉴당, 흑당 등 다양한 감미료를 사용해서 맛을 비교해보자. 본인이 원하는 '커피의 단맛'을 찾을 수 있을 것이다.

열심히 원두를 골라 정성스럽게 내린 커피에 설탕? 저는 대찬성입니다! 맛있는 커피는 설탕을 조금 넣으면 또 다른 깊이를 맛볼 수 있기 때문입니다. 블랙커피와 비교해서 마셔보면 쓴맛이나 신맛이 부드러워지는 등의 변화를 느낄 수 있습니다.

설탕도 자유롭게 선택해 보십시오.

찻집이나 카페에는 스틱 모양의 설탕이 준비되어 있는 곳이 많습니다. 안에는 가루 형태의 설탕이 있는 '그래뉴당'으로 순도가 높아 쉽게 녹으므로 커피에 넣어 마시기 아주 편리합니다. '에스프레소에 그래뉴당을 듬뿍 넣고 마지막에 미처 녹지 않은 설탕을 사탕처럼 맛보기'도 한 번 시도해 보십시오. 물론 그래뉴당은 드립 커피에도 아주 잘 어울립니다.

> **POINT**
> 좋아하는 것을 원하는 만큼 넣어서
> 커피를 자유롭게 마셔보자.

하지만 가정에서는 항상 구비되어 있는 백설탕 등을 넣어도 문제없습니다.

다이어트 중이거나 당질을 제한 중이라면 0칼로리인 '에리스리톨' 등의 감미료를 사용해 보십시오. 단, 입에 넣으면 차갑게 느껴지는 등 약간의 중독성이 있는 감미료이기는 합니다. 이 에리스리톨과 '나한과(羅漢果)'라는 식물의 추출물을 섞은 감미료도 커피와 어울립니다. 이 감미료도 0칼로리입니다.

가루 형태뿐만 아니라 꿀도 사용할 수 있습니다. 다양한 종류가 있지만, 아카시아 꿀이 사용하기 편리합니다. 꿀은 꽃에서 생성되어 신맛도 포함되어 있으므로 꽃 향기가 나는 라이트 로스팅 커피에 잘 어울립니다. 꽃과 꿀의 종류에 따라 맛도 향도 크게 달라지므로 비교해서 사용해보시기 바랍니다.

TIPS FOR GOOD COFFEE

우유는 순수 우유 또는 저온 살균이 가장 좋다

우유에는 다양한 종류가 있습니다. 커피에 넣으려면 순수 우유 또는 저온 살균 우유 중에서 선택하시기를 추천합니다. 평소에 블랙커피를 선호하더라도 때로는 우유를 넣은 부드러운 커피를 마셔 보십시오.

유지방 3.6%

순수 우유, 저온 살균 우유를 추천. 우유를 사용하려면 소에 대한 애정이 깊은 제조사의 우유를 선택하자.

커피는 우유와의 궁합이 아주 좋습니다. 블랙커피를 선호하더라도 때로는 우유를 넣은 부드러운 커피를 마시고 싶지 않은가요?

우유를 넣은 커피에는 카페라테와 카페오레가 가장 잘 알려져 있습니다. 의외로 이 두 가지를 헷갈려하는데 기본이 되는 커피가 다릅니다. 카페라테는 에스프레소, 카페오레는 드립 커피를 사용하죠.

카페라테든 카페오레든 커피에 우유를 넣어 맛있게 마시려면 커피를 정성스럽게 내려야 할 뿐 아니라 우유를 적절하게 선택하는 것도 필수입니다.

우선 우유에는 '순수 우유', '저지방 우유', '무지방 우유', '가공유' 등이 있습니다. 커피에는 '순수 우유'를 추천합니다. 다이어트 중이라면 무지방이나 저지방을 선택하고 싶겠지만, 커피와의 궁합으로 따지자면 '순수 우유'가 가장 좋습니다.

> **POINT**
> 커피 애호가라면
> 우유도 빈틈없이 고르자.

또 우유에는 '호모지나이즈(균질화)'라는 가공법이 있습니다. 이 가공을 거치지 않은 '논호모지나이즈 우유(무균질 우유)'는 맛도 좋고 혀 끝에 느껴지는 농후한 맛을 즐길 수 있어 이 우유도 추천합니다.

또한 '살균 처리'도 중요합니다.

'저온 살균'이라고 쓰여 있는 우유도 추천합니다. 소에 대한 애정이 깊고, 잡내가 적은 양질의 우유를 만드는 제조사도 있으니 자신의 입맛에 맞는 우유를 찾아보시기 바랍니다.

좋은 우유는 잡내가 적어 그대로 마셔도 은은하게 달콤한 맛이 나서 커피와 함께 마셔도 풍미를 해치지 않는다는 특징이 있습니다.

TIPS FOR GOOD COFFEE

식물성 우유로 커피를

환경 보호와 동물 애호를 위해 소(동물성) 이외에 콩이나 견과류, 곡류 등의 식물 유래의 '식물성 우유(Plant Based Milk)', '무유제품 우유(Dairy-Free Milk)'를 선택하는 사람도 늘어나고 있습니다. 맛도 좋습니다.

귀리의 뛰어난 단맛

부드러운 맛

고소함이 커피와의 궁합 아주 좋다

두유

아몬드

건강 효과도 기대할 수 있어서 인기 있는 식물성 우유. 두유, 귀리 우유, 아몬드 우유, 코코넛이나 마카다미아 너트 우유도 있다.

'우유의 맛을 좋아하지만 여러 사정 때문에 마시지는 못하는' 사람이 적지 않습니다. 그래서 콩이나 견과류, 곡류 등의 식물을 원재료로 사용하는 우유가 인기를 끌고 있죠. 식물 유래이므로 '식물성 우유'나 '무유제품 우유'라고도 통칭하기도 합니다.

알레르기 체질 문제, 동물성 식재료를 섭취하지 않는 채식주의자 등 수요나 사정은 제각각이지만, 선택지가 많다는 건 좋은 일이죠. 또 환경 보호와 동물 애호의 관점에서도 주목을 받고 있습니다. 또 자신에게 맞는 우유가 있을 수 있으니 시도해보시면 어떨까요?

> **POINT**
> 건강과 동물 애호를 지향한다면
> 식물성을 선택.

우선 두유입니다. 건강을 지향한다면 두유를 사용한 두유라테(소이라테)를 선택해보세요. 최근에는 카페에서 쉽게 찾아볼 수 있게 되었습니다. 하지만 독특한 풋내가 남아 있기도 하고 까끌까끌한 식감이 있다는 결점도 있습니다. 신경이 쓰이는 경우에는 커피와 함께 스팀을 쐬어주는 등 다양한 방법으로 보완할 수 있습니다.

다음은 아몬드 우유입니다. 슈퍼마켓이나 편의점에서 최근 점점 존재감을 드러내고 있습니다. 칼로리나 당질이 적다 보니 다이어트 중인 사람에게도 좋습니다. 고소한 풍미가 상당히 좋습니다.

마지막으로 잘 알려져 있지 않은 명품 우유, 귀리 우유입니다. 전 세계적으로는 아주 보편적인 식물성 우유지만, 아직 국내에서는 유통량이 적은 편입니다. 하지만 커피용 귀리 우유도 시판될 정도로 귀리의 부드러운 단맛 덕분에 커피와의 궁합도 잘 맞죠. 부드러운 맛이라서 카페라테 등에 넣으면 맛있게 완성됩니다.

커피와 어울리는 음식

단 음식을 한 입 먹고 그 여운으로 커피 한 모금……. 최고의 스트레스 해소 방법이죠. 음식과의 궁합을 찾으면 더 깊은 행복을 느낄 수 있습니다.

> 커피와 앙버터 토스트의 조합을 추천. 팥과 커피의 궁합은 꼭 시도해보자.

커피와 음식의 궁합
- ☑ 화과자 : 팥을 사용한 모나카 등
- ☑ 양과자 : 쿠키나 케이크 등
- ☑ 식사 : 햄버거 등

바쁜 일상 속에서 '커피라도 내려 마실까'라는 한 마디만으로도 긴장이 풀립니다. 혼자든, 누군가와 함께 있든, 커피를 마실 때 간식과 함께라면 더할 나위 없죠. 커피는 육즙이 가득한 햄버거처럼 든든한 음식부터 단 음식까지 함께 먹기 좋은 음식이 많다는 점이 장점입니다.

또 와인처럼 음식과의 조합을 찾아보는 즐거움도 있습니다.

제가 추천하는 음식은 버터가 듬뿍 들어간 쿠키입니다. 특히 꾸준히 인기 있는 동물 모양의 어린이 쿠키를 추천합니다. 어린이 과자라고 간과하기 쉽지만, 쿠키를 한 입 먹고 아직 여운이 남아 있을 때 커피를 마셔보면 행복을 느낄 수 있을 것입니다. 달기만 한 것이 아니라 적절한 짠맛과 깊이감 있는 버터의 맛이 두드러지죠. 커피와의 궁합도 나무랄 데 없습니다.

> **POINT**
> 음식을 한 입 먹고
> 그 여운으로 커피 한 모금.

또 다른 버터 음식으로는 앙버터 토스트도 추천합니다. 잘 구운 토스트에 팥을 얹고 그 위에 냉장고에서 막 꺼낸 버터를 얹으면 완성됩니다.

쿠키나 케이크 등 양과자와의 궁합이 많이 언급되지만, 화과자 중에는 모나카가 커피와 궁합이 잘 맞습니다. 모나카는 겉면의 과자가 입안에서 살살 녹으며 커피의 깊이감과 잘 어울립니다. 덧붙이자면 모나카를 참고해서 탄생된 것이 양과자인 다쿠아즈라고 합니다. 후쿠오카에 굉장히 유명한 가게가 있는데 이곳의 다쿠아즈가 아주 맛있다고 정평이 나 있습니다. 국내에도 검색해보면 다쿠아즈 맛집을 찾아볼 수 있습니다.

단 음식을 좋아하지 않는다면 햄버거나 야키소바 빵 등 든든한 음식과 함께 커피를 마셔보시기 바랍니다. 진한 기름의 맛을 커피가 흘려보내 줘서 뒷맛이 깔끔해집니다. 무엇과도 잘 어울리는 커피, 참 굉장하죠!

커피와 함께 보내는 수면의 밤

수면은 시간뿐만 아니라 '질'도 중요합니다. 피로가 잘 풀리지 않는다면 하루의 마지막 커피를 디카페인 커피로 바꾸면 수면의 질이 올라갑니다. 카페인 없는 커피와 함께 좋은 꿈을 꾸기를 바랍니다.

디카페인 커피라면 잠자기 전에 마셔도 수면에 악영향을 미치지 않는다. 디카페인이라면 어른들은 시간의 구애 없이 마실 수 있고, 어린아이들은 우유를 넣어 연하게 탄 카페오레도 마실 수 있다.

커피에서 신경이 쓰이는 성분은 카페인일 것입니다. 졸음을 쫓거나 피로 해소 등의 작용이 있어 일할 때 의지가 되는 존재죠. 하지만 잠자기 전에 마시기에는 조금 고민이 되기도 합니다.

또 최근에는 '수면의 질'이 주목을 받고 있습니다. 수면 시간이 충분하더라도 양질의 수면을 취하지 못하면 피로가 풀리지 않는 등의 문제가 생길 수 있죠. 카페인은 반감기가 4~6시간 정도 된다고 합니다. 결국 잠을 푹 자려면 적어도 잠자기 4~6시간 이내에는 커피를 마시지 않는 편이 좋다는 뜻입니다.

하지만 커피 애호가는 아침이든 밤이든 커피가 마시고 싶죠.

POINT
디카페인 커피라면 취침 전에도 안심.
좋은 향에 휘감겨 깊은 수면을.

그럴 때 디카페인 커피(카페인이 없는 커피)를 마셔 보십시오. 커피 원두에 포함된 카페인을 제거하는 기술이 발전하면서 일반 커피와 비교해도 맛과 향에 뒤처지지 않은 디카페인 커피가 생겨났습니다. 커피를 마시면 잠을 쉽게 들지 못하는 사람이나 카페인에 약한 체질인 사람을 위해 개발된 디카페인 커피를 한 번 시도해 보시기 바랍니다. 다음 날 상쾌하게 잠이 깼다면 디카페인 커피가 잘 맞는 것일 수 있습니다.

또 최근에는 약품 등을 사용하지 않는 천연 방법으로 카페인을 제거하는 방법이 일반적입니다.

카페인이 들어 있지 않은 커피에 따뜻한 우유를 넣어 마시며 느긋하게 시간을 보내면서 여유로운 밤을 보낼 수 있습니다. 따뜻한 음료는 체내 심부의 온도를 서서히 올려주어 잠에 쉽게 들 수 있도록 도와주는 효과도 있습니다. 그러면 맛있는 커피를 마시며 좋은 꿈을 꾸기를 바랍니다.

IZAKI'S LONG TALK

커피 생활을 더욱 즐겨보자

책을 가지고 근처 카페에 가서 마음에 드는 음악을 들으면서 커피와 함께 휴식을 취해봅시다. 이처럼 커피는 나만의 시간을 만들기에 최적의 아이템입니다. 커피와 근사한 시간을 보내기 위한 추천 음악과 책을 소개합니다.

어느 시대든 커피는
문화와 사람과의 교류를 만들어내는 아이템

16세기 오스만 제국이 예멘, 에티오피아를 지배하게 되면서 커피의 보급이 순식간에 진행되었고, 16세기 중반 수도 이스탄불에는 **커피 하우스**가 생겨 났습니다. 수많은 사람이 보이는 사교의 장으로 활기를 띠었습니다.

영국은 홍차의 나라지만, 17세기에는 런던에도 커피 하우스가 크게 유행되었습니다. 정보 교환이나 의논을 나누는 사교의 장으로 친숙해져 갔죠. 또 문화와 정치의 거점이 되었고 이후에는 예술가의 모임 장소가 되었습니다.

한국에 커피가 도입된 것은 불과 100년 정도 밖에 안 되었습니다. 19세기 말 무역이나 선교 등 다양한 목적으로 방문한 서양인들을 통해 커피가 퍼지기 시작했으며, 관리들은 외국인에게 커피를 선물 받으면 깊은 곳에 고이 모셔두고 아껴 마셨다고 합니다.

특히 조선시대 국왕이었던 고종은 커피를 매우 좋아했다고 합니다.

커피 하우스　　가벼운 식사도 가능한 카페. → 68페이지.

부록

그러다가 6.25 전쟁이 끝난 후 문을 닫았던 다방들이 우후죽순 생겨나면서 커피는 현대 음료로 알려지게 되었습니다. 친구가 하숙집에 찾아오면 '여기는 좀 그러니까'라고 말하며 찻집으로 데려가서 커피 한 잔을 주문하고는 몇 시간씩 자리 잡고 있던 학생도 적지 않았다고 합니다.

이처럼 커피는 음악과 문화를 이어주며 독특한 차 문화를 탄생시켰습니다.
이 책의 저자인 이자키 씨는 어떠한 커피 생활을 즐기고 있을까요? 커피 타임에 함께 하면 좋을 책, 드라마, 음악 추천을 부탁드렸습니다.

BOOKS — 커피를 마시면서 읽기 좋은 책이나 영향을 받은 책을 알려 주세요.

이자키 : 《무엇이든 보겠다(何でも見てやろう)》라는 책의 영향으로 해외에 가보고 싶다는 생각을 하게 되었습니다. 풀브라이트 장학금으로 하버드 대학에 갔던 오다 마코토 씨가 전 세계를 배낭여행하는 여행기죠. 다소 각색된 부분이 있겠지만, 이렇게 활력이 넘치는 사람이 있었다는 점에 놀랐습니다. 그리고 지금도 가끔씩 읽으면서 '커피로 먹고살아보자'라고 결심했던 당시의 제 마음을 떠올려 보고는 합니다.

《무엇이든 보겠다》　쇼와 36년(1961)에 간행된 여행기. 풀브라이트 장학금으로 하버드대학에서 공부했던 오다 마코토가 서양과 아시아 22개국을 배낭여행했던 경험을 쓴 책이다. 오다 마코토는 소설가이자 문예 평론가다.

IZAKI'S LONG TALK

그리고 그다지 알려지지 않은 명작이지만, 다카하시 가즈미 씨의 《자슈몽(邪宗門)》도 즐겨 읽는 책 중 하나입니다. 어느 신흥종교에 대한 탄압과 멸망을 그린 내용으로 그 중압감 있는 전개는 커피 없이 읽을 수 없죠.

— 상당히 고전적인 책들이군요. 가볍게 읽을 수 있는 책이나 추천하는 작품도 있다면 알려 주세요.

이자키 : 미국의 TV 드라마 〈트윈 픽스〉는 커피 애호가라면 누구나 좋아할 것입니다. 줄거리가 재미있을 뿐만 아니라 커피를 마시는 장면이 자주 나오니 눈을 뗄 수가 없죠. 등장인물이 커피를 마실 때, 맛있어 보이는 도넛이나 체리 파이를 곁들이는 미국다운 모습도 보기 좋죠. 또 'A cup of joe(어 컵 오브 조)'라는 대사가 자주 나옵니다. 친구가 알려주기 전까지는 몰랐는데 미국식 영어로 '커피 마시자'라는 의미라더군요. 의도한 것은 아니지만, 제 아들도 조라는 이름이라서 친근감을 느꼈습니다.

〈트윈 픽스〉 1990~1991년, 2017년에 방영했던 미국의 TV 드라마. 미스터리 한 전개로 초현실적 현상이나 수수께끼 해결 등의 본질적 요소를 담고 있으며, 전편을 보는 데 24시간 이상 걸린다. 제작 총지휘는 데이비드 린치, 마크 프로스트.

부록

— 커피에 관해 조사하다 보면 환경이나 인권 문제 등이 신경 쓰이더군요. 이러한 문제를 배우기 좋은 책이 있을까요?

이자키 : 커피 업계에는 환경이나 인권 문제를 신경 쓰는 사람이 많습니다. 책을 읽고 지식을 쌓고 싶다면 《커피로 해독하는 SDGs(コーヒーで読み解くSDGs)》를 추천합니다. 커피에 대한 관심을 통해 SDGs를 배우고 싶다면 이 책이 입문용으로 가장 적합합니다.

▲ 에티오피아의 '마더 오브 커피 트리'라는 나무 아래에서 전 세계의 동료들과 어깨동무를 하며 커피의 훌륭함을 다시 한번 확인.

《커피로 해독하는 SDGs》 SDGs는 에스디지즈라고 읽는다. 2015년의 유엔 총회에서 채택된 '지속 가능 개발 목표'로 지구 환경이나 격차 문제의 해결 등 광범위한 목표를 세웠다. 이 책은 대학 교수이자 국제 NGO의 전 직원인 가와시마 요시아키 씨가 커피를 통해 SDGs를 풀어나가면서 커피를 통해 SDGs에 공헌하는 방법을 설명한다.

IZAKI'S LONG TALK

MUSIC

— 추천하는 음악은 어떤 게 있나요?

이자키 : 자주 듣는 음악은 펑크 장르이며 블루스나 재즈 등의 흑인 음악도 아주 좋아합니다. 특히 사치모라는 별명으로 익숙한 **루이 암스트롱**이 단연 최고죠. 그의 음악은 감성이 풍부해서 프렌치 로스팅의 진한 커피와 아주 잘 어울립니다. 저는 클래식보다는 비주류 음악인 흑인 음악에 마음이 끌리더군요. 이런 근사한 음악과 함께 커피를 마시며 커피 산업과 인권 문제에도 꼭 관심을 가져 주시기 바랍니다.

생활 방식을 돌아보며
자신에 맞는 커피 생활을 즐겨보자

신종 코로나 바이러스 감염증이 전 세계로 퍼진 이후, 생활 방식과 가치관이 완전히 달라졌습니다. 그러면서 일상적인 행복의 소중함, 사소한 행복을 쌓아가는 소중함을 깨달은 사람이 적지 않죠.

이처럼 외출과 외식도 제대로 할 수 없는 상황이 되었을 때, 혼자서 할 수 있는 취미를 가진 사람이 잘 버텨낼 수 있습니다.

루이 암스트롱 20세기를 대표하는 미국의 재즈 트럼펫 연주자이자 가수. 애칭 사치모. 스캣의 창시자.

부록

좋아하는 음악을 들을 때, 청소해서 깨끗해진 방에서 독서할 때, 맛있는 커피까지 있다면 더할 나위 없는 행복을 느낄 것입니다. 커피를 좋아하게 되면 자신의 감성에 맞는 카페를 찾는 재미도 있습니다. 텀블러에 커피 티백과 따뜻한 물을 넣어 산책하거나 소풍을 가고, **수제 로스팅**을 시작해보는 것도 아주 좋습니다.

이처럼 세상을 넓게 볼 수 있을지는 여러분에게 달렸습니다!

수제 로스팅 가정에서 커피를 로스팅하는 방법은 가스레인지에 그레이트(쇠 등으로 이루어진 고리 모양의 받침대)를 얹고 중화 냄비에 로스팅하는 방법이 유명하다. 소량이라면 차나 원두 등을 볶는 평평한 뚝배기인 '질 냄비'나 스튜 냄비로도 로스팅할 수 있다.

조금 더 알고 싶은 사람을 위한 커피 정보

■ 커피 공부를 하려면?

커피에 대해 공부하고 싶다면 독학도 좋지만, 바리스터 학원이나, 인력개발원, 여성인력개발센터, 평생교육원, 대학의 관련 학과 등을 선택해 보는 건 어떨까요? 야간 과정이나 온라인 강의로 배우는 사람도 있습니다. 제과 및 카페 과정이 있는 학원이나 대학 등에서는 전문적인 기술이나 지식뿐만 아니라 커피 머신을 실습용으로 갖추고 있으므로 실제로 바리스터로서의 기술을 습득하기에 좋습니다. 또한 창업과 관련된 세무와 경영에 관한 지식도 습득할 수 있습니다.

제가 공동 대표로 있는 '바리스타 허슬 재팬'은 온라인 교육 플랫폼입니다. 전 세계에서 4만 명 이상의 전문 바리스타에게 사랑받고 있으며, 일본어 번역판도 2018년에 생겼습니다.

커피 관련 업무를 하고 싶다면 카페나 레스토랑, 커피숍 등에서 우선 아르바이트로 일해보는 방법도 있습니다. 급료를 받으면서 음식과 음료 관련 지식을 얻을 수 있죠. 물론 그 정도로 본격적으로 하지 않더라도 카페 등에서 하루나 몇 차례 안에 끝나는 단기 워크숍에서도 배울 수 있습니다.

■ 바리스타란?

커피 관련 지식과 기술을 갖추고 '바(Bar)'에서 일하는 조주사가 영어로는 바텐더(Bartender), 이테리어로는 바리스타(Barista)입니다.

또 음료나 음식을 제공할 뿐만 아니라 고객의 주문에 세세하게 대응하는 접객, 때로는 계산 업무까지 처리합니다. 카푸치노에 우유로 그림을 그리는 '라테 아트'도 서비스로 제공됩니다.

부록

■ 바리스타가 되려면?

바리스타가 되는 방법에 정답은 없습니다. 전문 바리스타가 있는 가게나 바리스타를 육성하는 가게에서 수업을 받는 것도 좋겠죠. 특별한 자격은 필요 없습니다.

■ 바리스타 챔피언십이란?

바리스타의 기술을 경쟁하는 대회입니다. 일본에서도 이런 대회인 '재팬 바리스타 챔피언십(JBC)'이 활발히 개최되고 있죠(한국에서도 매년 바리스타 챔피언십(KBC) 대회가 열리고 있습니다). 경기는 기본적으로 에스프레소를 통해 평가가 이루어지며, 결승에서는 제한 시간 내에 세 종류의 음료를 제공해야 합니다. 우선 '에스프레소' 그리고 '밀크 베버리지', 마지막으로 '시그니처 베버리지'라고 부르는 창작 음료를 만듭니다. 맛뿐만 아니라 프레젠테이션 능력과 기술 등도 평가 대상입니다.

■ 월드 바리스타 챔피언십(WBC)이란?

2000년부터 시작된 전 세계 바리스타들의 기술을 경쟁하는 대회입니다. 아시아 출신 챔피언은 2014년에 일본(이 책의 저자인 이자키 히데노리), 2016년 대만(버그 우), 2019년에는 한국(전주연)이 세 번째이며, 전주연 바리스타는 여성으로서는 두 번째 챔피언이기도 합니다.

WBC에는 바리스타 챔피언십, 브루어스컵, 로스팅, 컵테이스터스, 굿스피릿, 라테아트 6개의 종목이 있는데, 이 중에서 바리스타 챔피언십이 가장 역사가 오래되었습니다.

세 가지 Q&A

이자키 히데노리를 알 수 있는

Q 이자키 히데노리는 어떤 사람인가요?

A 세계 최고 자리에 올랐던 바리스타입니다

호세이대학교 국제문화학부 입학을 계기로 커피 명문 기업인 '주식회사 마루야마커피'에 입사했습니다.

아버지 덕분에 태어났을 때부터 스페셜티 품질의 커피와 접했던 소양을 살려서 재학 중에 2012년에 사상 최연소로 재팬 바리스타 챔피온십에서 우승하였으며, 2연패를 달성한 후 2014년 월드 바리스타 챔피온십에서 아시아인 최초로 세계 챔피온이 되었습니다.

그 후 독립하여 2019년에는 대표이사로서 주식회사 QAHWA(카후아)를 창립했으며 코로나 시대 이전에는 연간 200일 이상을 해외에서 활동하는 등 매우 바쁜 나날을 보냈습니다.

2020년부터 국내 사업에도 주력했으며, 2021년부터 자신의 실제 체험이 바탕이 된 '#ヤバいデカフェ(대단한디카페인)'도 개발하여 SNS를 중심으로 화제가 되었습니다.

부록

 어떤 일을 하고 있나요?

 커피 관련 컨설팅입니다

대기업 햄버거 체인점의 커피 메뉴를 감수하거나 유럽과 아시아를 중심으로 커피 관련 기기를 연구 개발하는 등 다양하고 폭넓은 업무 형태에 대응하면서, 상품 개발부터 마케팅까지 컨설팅을 진행하고 있습니다. 최근에는 NHK 종합 〈역전 인생〉과 BS 니혼 TV 〈바카리듬의 어른의 취미리듬〉 등 텔레비전 방송이나 라디오 방송 출연도 많아져 보신 분들도 있을 수 있겠습니다.

 QAHWA는 어떤 회사인가요?

 커피와 관련된 것이면 무엇이든 하고 있어요!

유럽과 아시아를 중심으로 커피와 관련된 다양한 사업을 펼치고 있습니다. 커피 관련 기기의 연구 개발, 소규모 가게부터 대기업 체인까지 마케팅과 컨설팅 등을 진행 중입니다.
'Brew Peace(브루 피스)'라는 문구를 내걸고 활동 중인데 그 의미는 '평화를 내린다'입니다. 커피와 사람의 근사한 만남을 만들어 커피의 힘으로 평화로운 세계를 이룰 수 있도록 국경을 넘어 전 세계에서 활동하고 있습니다.
[DATA] QAHWA(카후아) https://qahwa.co.jp

오랫동안 커피숍은 친구나 사랑하는 사람과 이야기를 나누려는 사람, 추억의 시간을 보내려는 사람, 다양한 생각을 가지고 방문하는 사람들이 찾고는 했습니다. 하지만 코로나는 인류가 그토록 사랑해왔던 '커피 브레이크'를 갑자기 빼앗아가 버렸습니다.

제 임무는 '근사한 커피 브레이크를 만드는 것'입니다. 대기업 햄버거 체인점이나 해외의 커피 체인점의 컨설팅뿐만 아니라 과자나 음식, 때로는 패션이나 자동차, 예술 등 언뜻 보기에 커피와 관련 없을 듯한 분야와 컬래버레이션하여 많은 이들이 '편안'하게 마음의 휴식을 취할 수 있는 시간을 만들어 왔습니다.

지금까지는 '커피를 마시는 것을 커피 브레이크'라고 생각했지만, Zoom(화상 채팅)을 활용한 클라우드 카페 '#BrewHome'를 주최하거나 커피가 있는 풍요로운 생활을 미디어에 내보내면서 '커피를 내리는 행위 자체가 커피 브레이크가 아닐까'라고 생각하게 되었습니다.

방 안 가득 퍼지는 커피 원두의 향, 그라인더로 원두가 부드득 갈릴 때 나는 진동, 조용한 방에 울려 퍼지는 커피 방울이 떨어지는 소리…… '커피를 내리는' 행위는 직접적으로 우리의 오감을 활성화해줍니다. 어떤 의미에서 마인드풀니스(Mindfulness)에 가까운 감각이 아닐까 싶습니다. 다도

나 꽃꽂이에 가까운 '기예'의 요소도 있다고 생각합니다.

   어쩌다 보니 어려운 이야기가 되어버렸습니다만, 제가 '커피를 내리기의 진입장벽 낮추기'를 콘셉트로 한 책을 출판하고 싶었던 이유는 커피를 내리는 행위 자체가 심신 안정으로 이어진다고 생각하기 때문입니다. 그리고 여러분께서 심신의 휴식을 취할 수 있는 커피 브레이크를 보내시기를 진심으로 바라고 있습니다. 이 책을 계기로 '커피를 내려보자'라는 생각이 드셨다면 정말 기쁠 거 같습니다. 커피가 있는 "Brew Peace"한 세상을 바라며.

이자키 히데노리

世界一のバリスタが書いた コーヒー1年生の本
SEKAI ICHI NO BARISTA GA KAITA COFFEE 1 NENSEI NO HON
by Hidenori Izaki
Copyright ⓒ 2021 by Takarajimasha, Inc., Tokyo
Original Japanese edition published by Takarajimasha, Inc., Tokyo
Korean translation rights arranged with Takarajimasha, Inc., Tokyo
through Shinwon Agency Co., Seoul
Korean translation right ⓒ 2022 by ATIO

세계 최고의 바리스타가
커피 초보자를 위해 만든 Book

2022년 4월 15일 초판 인쇄
2022년 4월 20일 초판 발행

펴낸이	김정철
펴낸곳	아티오
지은이	이자키 히데노리
번 역	전지혜
마케팅	강원경
표 지	김지영
편 집	이효정
전 화	031-983-4092~3
팩 스	031-696-5780
등 록	2013년 2월 22일
정 가	17,000원
주 소	경기도 고양시 일산동구 호수로 336 (브라운스톤, 백석동)
홈페이지	http://www.atio.co.kr

* 아티오는 Art Studio의 줄임말로 혼을 깃들인 예술적인 감각으로 도서를 만들어 독자에게 최상의 지식을 전달해드리고자 하는 마음을 담고 있습니다.

* 잘못된 책은 구입처에서 교환하여 드립니다.
* 이 책의 저작권은 저자에게, 출판권은 아티오에 있으므로 허락없이 복사하거나 다른 매체에 옮겨 실을 수 없습니다.